Dieses Handbuch gehört:

DAS GROSSE HANDBUCH DER ELFEN

Forschungsergebnisse von der Professorin Elsie Arbour

Herausgegeben von Emily Hawkins

Mit Illustrationen von Jessica Roux

Aus dem Englischen von Kathrin Köller

PRESTEL
München · London · New York

Kurze Mitteilung des Verlags:

Das reich illustrierte Originalmanuskript für dieses Buch stammt aus den 1920er-Jahren. Es wurde in den Archiven des Britischen Naturkundemuseums gefunden und befand sich in einem Ordner, auf dem die Worte „Fakten noch nicht bestätigt“ vermerkt waren. Obwohl der Verlag sich bemüht hat, die Professorin Elsie Arbour ausfindig zu machen, konnte bis heute keine Spur von ihr gefunden werden. Daher garantiert der Verlag nicht für die Echtheit des Inhalts und veröffentlicht das Buch lediglich als Dokument von öffentlichem Interesse. Leserinnen und Lesern, die herausfinden möchten, ob Elfen wirklich existieren, wird geraten, eigene Untersuchungen anzustellen.

Ständig verschwindet meine Brille. Dann taucht sie an den merkwürdigsten Stellen wieder auf. Fast könnte man meinen, dass da ein frecher Brownie seine Finger im Spiel hat.

INHALT

Haus Wiesenbach
Minstead
Hampshire
17. Juli 1925

Meine liebe Annabelle,

wie Du weißt, habe ich mir einen Namen als Pflanzenforscherin gemacht. Ich bin in der ganzen Welt herumgereist, um alles über Blumen und Bäume zu lernen. Was Du aber nicht weißt, ist, dass ich im Rahmen meiner Arbeit auf ein neues Forschungsfeld gestoßen bin, das im Laufe der Jahre zu meiner großen Leidenschaft geworden ist. Ich habe keine Mühe gescheut, diese Arbeit geheim zu halten. Denn ich fürchte, wenn sie bekannt würde, könnten meine Kolleginnen und Kollegen mich belächeln und für verrückt erklären. Meine Liebe, bei meiner geheimen Arbeit handelt es sich um die Erforschung von Elfen.

Elfen sind überall um uns herum, aber sie sind sehr scheue Wesen und können es einem sehr schwer machen, sie zu finden. Vielleicht hattest Du schon Glück und hast eine entdeckt, im Garten vielleicht oder auf dem Dachboden. Ich habe dieses Buch zusammengestellt als eine Art Naturführer, ein Handbuch über die verschiedenen Arten auf der ganzen Welt. Ich erkläre darin, wo und wie Elfen leben, was für eine Rolle sie in der Natur spielen und wie Du sie finden kannst.

Ich mache mich jetzt auf den Weg nach Südamerika, um im Amazonas-Regenwald die kaum bekannte Kolibri-Elfe zu suchen. Diese Expedition wird sehr gefährlich sein, deswegen schicke ich Dir vor meiner Abreise mein Buch, damit Du darauf aufpasst. Und vielleicht regt es Dich ja auch an, ein paar eigene Elfen-Entdeckungsabenteuer zu unternehmen.

Alles Liebe,
Deine Tante Elsie

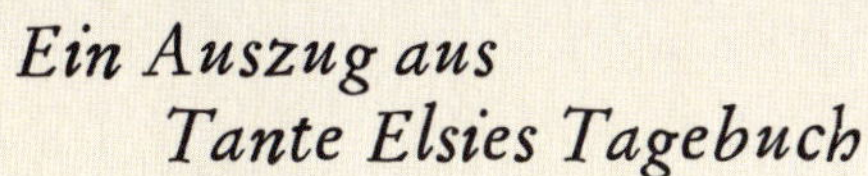
Ein Auszug aus
Tante Elsies Tagebuch

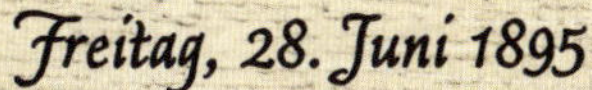
Freitag, 28. Juni 1895

Was für ein merkwürdiger Tag! Als ich nach dem Mittagessen im Garten vor mich hin werkelte, hörte ich ein helles Lachen. Es kam aus dem Gewächshaus. Ganz langsam und leise schlich ich zum Eingang und blieb an der Türschwelle stehen. Wieder war da dieses Lachen, diesmal ganz klar. Und dann flatterte zu meinem Erstaunen ein winziges geflügeltes Wesen in Menschenform aus meinen Tomatenpflanzen und schaute mir direkt in die Augen. Ich kann es nicht anders beschreiben:

Es war – Tatsache – eine Elfe!

Tante Elsie 1923 in ihrem Garten

Echt oder erfunden?

Seit Jahrhunderten werden Elfen immer wieder als Märchenwesen abgetan oder als „magische“ Geschöpfe verkauft. Es ist eine Menge Unsinn verzapft worden – über Elfen als mystische Geister, Engel oder sogar als Außerirdische. Dieses Buch ist mein Versuch, diese dummen Geschichten zu entlarven: Elfen sind genauso real wie du und ich. Man braucht nur etwas Geduld, um sie zu finden.

Jetzt, wo wir gerade dabei sind, mehr über diese wunderschönen, zurückgezogen lebenden Wesen zu erfahren, werden sie durch menschliches Handeln in ihrer Existenz bedroht.

Das geheime Leben der Elfen

Die letzten 30 Jahre habe ich damit verbracht, kaum begehbare Berge zu besteigen, durch Mücken-infizierte Sümpfe zu waten und glühend heiße Wüsten zu durchqueren – alles mit dem Ziel, Elfen in ihrer natürlichen Lebensumgebung zu finden und zu erforschen. Ich habe unzählige Stunden damit zugebracht, im strömenden Regen am Flussufer zu hocken und Fluss-Elfen zu beobachten oder in nassen Wäldern herumzukriechen, um in die Nähe der Wald-Elfen zu gelangen. Dieses Buch ist das Ergebnis harter Arbeit und enthält meine gesammelten Forschungen zu diesen wenig bekannten Geschöpfen.

Haltet die Augen offen

Bis jetzt gibt es nur sehr wenig wissenschaftliche Forschung zum Leben von Elfen. Dies liegt daran, dass man Elfen nur sehr schwer aufstöbern kann. Sie sind von Natur aus sehr scheu und können sich ausgesprochen gut tarnen. Das bedeutet aber nicht, dass es sie nicht gibt. Man denke nur an die Riesenkrake. Man hat diese merkwürdige Kreatur immer für einen Mythos gehalten, bis eines Tages im Jahr 1861 Körperteile von ihr auf einem französischen Kriegsschiff auftauchten. Wir haben Tausende unbekannter Tierarten auf unserem Planeten entdeckt, und immer wieder werden neue identifiziert. Mein Punkt ist daher: Nur weil die Wissenschaft die wunderbare Welt der flatternden Elfen noch nicht entdeckt hat, heißt das nicht, dass sie nicht existiert …

Lebensräume in Gefahr

Während meiner Forschungszeit habe ich einige herzzerreißende Szenen erlebt. An manchen Orten gefährdet menschliches Handeln den Lebensraum von Elfen. Wenn Wälder für Land- und Holzwirtschaft abgeholzt werden, wird der Wohnraum von Elfen zerstört. Wenn Abwässer in Flüsse geleitet werden, verseucht das den Lebensraum von Wasser-Elfen. Wenn Elfen die Dämpfe von Autos und Fabriken einatmen müssen, dann leidet ihre Gesundheit. Es ist wichtig, so viel wie möglich über Elfen und ihre wertvollen Lebensräume zu lernen, um sie zu beschützen.

Was sind Elfen?

Bevor wir uns einzelne Elfen im Detail anschauen, müssen wir erst einmal herausfinden, um was für Geschöpfe es sich bei ihnen eigentlich handelt. Alle Lebewesen lassen sich aufgrund ihrer körperlichen Eigenschaften in verschiedene Gruppen einteilen.

Der schwedische Naturforscher Carl von Linné begann im 18. Jahrhundert mit der Klassifizierung von Pflanzen und Tieren. Nicht immer passt ein neu entdecktes Wesen genau in eine bestimmte Kategorie, aber das System ist auf jeden Fall ein guter Orientierungspunkt.

Obwohl die **BLÄULING-ELFE** insektenartige Flügel hat, kann man davon ausgehen, dass es sich bei diesem Wesen um eine Säugetierart handelt.

Insekten oder Säugetiere?

Auf den ersten Blick mag es nicht ganz einfach scheinen, Elfen bestehenden Tiergruppen zuzuordnen. Sie haben Flügel und legen Eier, was auf Insekten hindeuten könnte. Gleichzeitig sind ihre Körper sehr menschenähnlich, was bedeuten könnte, dass sie eigentlich eine Art Säugetier sind (Warmblüter mit Rückgrat, die ihre Jungen mit Milch ernähren). Nach aufwendiger Recherche schlage ich vor, dass Elfen in diese Kategorie einsortiert werden: Sie sind Säugetiere.

Das Rätsel des Schnabeltiers

Manche Leute behaupten, dass Elfen deswegen so schwer zu klassifizieren sind, weil es sie gar nicht gibt. Wie falsch sie damit liegen! Denkt doch nur an das Schnabeltier. Als dieses Geschöpf in den 1790er-Jahren zum ersten Mal von Australien nach Europa verschifft wurde, hielten es viele Wissenschaftler nicht für echt. Ein felliges Wesen mit dem Körper eines Otters, dem Schwanz eines Bibers, Füßen und Schnabel einer Ente, das wie eine Schlange Eier legt. Unmöglich! Handelte es sich um ein Säugetier, einen Vogel oder ein Reptil? Nur weil sich das Schnabeltier nicht leicht klassifizieren lässt, heißt das nicht, dass es nicht existiert – und das Gleiche gilt für Elfen.

KLASSIFIZIERUNG: SÄUGETIER

Bestimmung der Wiesen-Elfe

Wenn Wissenschaftler ein Tier „bestimmen", dann ordnen sie es einer bestimmten Gruppe zu. Wir beginnen mit der größten Gruppe, die man das Tierreich nennt, und sortieren die Wesen dann in immer kleinere Gruppen, bis am Schluss die Art übrig bleibt. Diese Grafik illustriert meine Theorie, wo Elfen im Tierreich zu verorten sind. Beispielhaft wird verdeutlicht, mit welchen anderen Kreaturen die Wiesen-Elfe verwandt ist.

REICH:
Tiere
Diese Gruppe umfasst alle Tiere unserer Erde, von Säugetieren und Reptilien zu Vögeln, Fischen und Insekten.

STAMM:
Wirbeltiere
Zu dieser Gruppe gehören alle Tiere mit Wirbelsäule. Deswegen nennt man sie auch Wirbeltiere.

KLASSE:
Säugetiere
Säugetiere sind Wirbeltiere, die ihre Jungen mit Milch füttern.

ORDNUNG:
Elfenvolk
Diese Gruppe umfasst alle eierlegenden Säugetiere von kleiner Statur, inklusive Elfen und ihre flügellosen Verwandten.

FAMILIE:
Elfen
Zu dieser Familie gehören alle flügeltragenden Elfen aus verschiedenen Lebensräumen, inklusive See- und Meer-Elfen.

GATTUNG:
Nymphe
Diese Gruppe umschließt alle geflügelten, an Land lebenden Elfen.

ART:
Wiesen-Elfe
Schließlich nehmen wir eine bestimmte Art unter die Lupe: die Wiesen-Elfe. Ihr lateinischer Name lautet *Nympha pratorum*.

Anatomie einer Elfe

Elfen sind winzige Wesen. Die größten von ihnen messen gerade mal zehn Zentimeter. Von ihrer Erscheinung her ähneln sie menschlichen Kindern, allerdings mit einem großen Unterschied: Flügeln. Alle Elfen haben Flügel, die sich aber je nach Art erheblich unterscheiden können. Manche ähneln Schmetterlingsflügeln, andere Drachen- oder Bienenflügeln. Die unterschiedlichen Flügel sind das wesentliche Merkmal für die Bestimmung der verschiedenen Elfenarten.

SKELETTSTRUKTUR

Das Skelett einer Elfe ist dem eines menschlichen Kindes sehr ähnlich, nur viel, viel kleiner.

ELFEN-WÜNSCHELRUTE

Ein weiterer Unterschied zwischen dem menschlichen und dem Elfenskelett besteht darin, dass Menschen zwei separate Schlüsselbeine aufweisen (Klavikula genannt), Elfen aber, genau wie Vögel, nur über einen zusammengewachsenen Schulterknochen verfügen. Man nennt ihn Wünschelrute, er verstärkt das Skelett, sodass die Elfe fliegen kann.

VOGELARTIGE KNOCHEN

Die Knochen einer Elfe sind viel leichter als die eines Menschen. Das ermöglicht Elfen das Fliegen. Genau wie Vogelknochen sind Elfenknochen hohl und haben im Innern eine wabenartige Struktur mit vielen Luftlöchern. Deswegen wiegen Elfen nicht viel und können leicht abheben.

Knochen eines Menschen

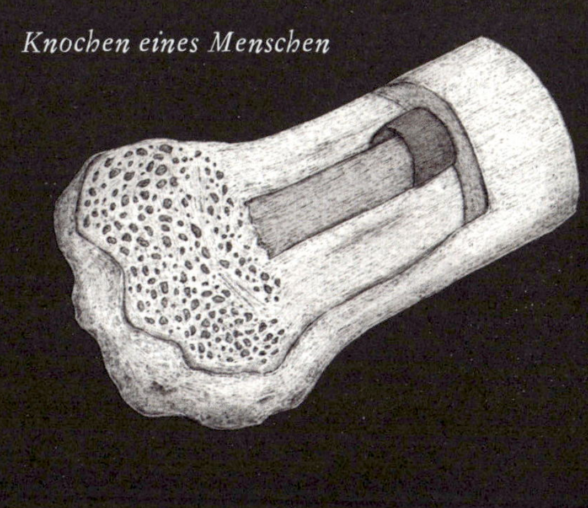

Knochen einer Elfe

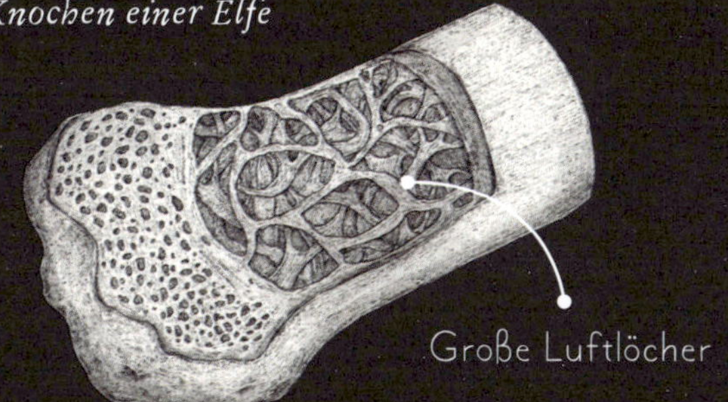

Flugmuskeln

Elfen verfügen über eine Vielzahl kleiner, aber starker Muskeln, die ihnen helfen, ihre Flügel zu bewegen. Neben ihren starken Brustmuskeln verfügen sie zusätzlich über Flugmuskeln, die entlang der Wirbelsäule verlaufen.

Flugstil

Der Flug von Elfen wirkt oft holprig und flattrig, ähnlich wie bei einem Schmetterling. Ein möglicher Grund dafür könnte sein, dass diese Art zu fliegen es Räubern schwerer macht, zu erraten, wo die Elfe als Nächstes hinfliegt. So gibt der Flugstil der Elfe mehr Sicherheit.

Elfenflügel

Die allermeisten Elfenflügel sind mit Tausenden von winzigen Schuppen überzogen. Zusammen spiegeln sie das Licht und sorgen für wunderschöne schimmernde Farben.

A. SCHWALBENSCHWANZ-ELFE
(Nympha papilio)

B. PFAUEN-ELFE
(Nympha lavendula)

F. TAUTROPFEN-ELFE
(Nympha aquarius)

G. REGENWALD-NYMPHE
(Nympha amazonia)

C. MALACHIT-ELFE
(Nympha viridi)

D. KAKTUS-ELFE
(Nympha sonora)

E. SCHNEEGLÖCKCHEN-ELFE
(Nympha galanthus)

H. BIRKEN-ELFE
(Nympha betula)

I. FLUSS-ELFE
(Nympha fluminis)

J. KÖNIGINNEN-ELFE
(Nympha regina)

Der Lebenszyklus einer Elfe

Entgegen den Behauptungen zahlreicher Märchen sind Elfen keine Gestaltwandler. Allerdings kann ich nach sorgfältigen Studien bestätigen, dass sie in ihrer Kindheit einige erstaunliche Veränderungen und Phasen durchlaufen.

Diesen Wandlungsprozess nennt man „Metamorphose“. In all den Jahren meiner Forschungsarbeit habe ich nicht herausfinden können, wie alt Elfen werden. Glaubt man Legenden, dann leben sie ewig ...

HECKENROSEN-ELFE: VIER ENTWICKLUNGSPHASEN

1. Elfenei

Eine Elfe legt ein oder zwei Eier auf ein Blatt oder einen Zweig. Die Eier sind von Art zu Art leicht unterschiedlich, aber zumeist mit wunderschönen Mustern verziert. Diese Muster helfen, Elfen- von Schmetterlingseiern zu unterscheiden, die sich ansonsten in Form und Größe ähneln.

2. Elfenraupe

Nach ein paar Wochen schlüpft eine Elfenraupe aus dem Ei. Das Junge wird von seinen Eltern versorgt, die es beim Fliegen in einem Tragetuch bei sich haben. Die Mutter ernährt ihr Neugeborenes mit Milch.

3. Kokon

Nach mehreren Monaten ist die Elfenraupe bereit für Flügel. Dafür wickeln die Eltern sie in einen Kokon aus Blütenblättern oder Spinnenseide. Im Innern des Kokons verwandelt sich die Elfenraupe. Nach zwei Wochen bricht der Kokon auf, und eine winzige geflügelte Elfe kommt heraus. Man nennt sie Püppchen.

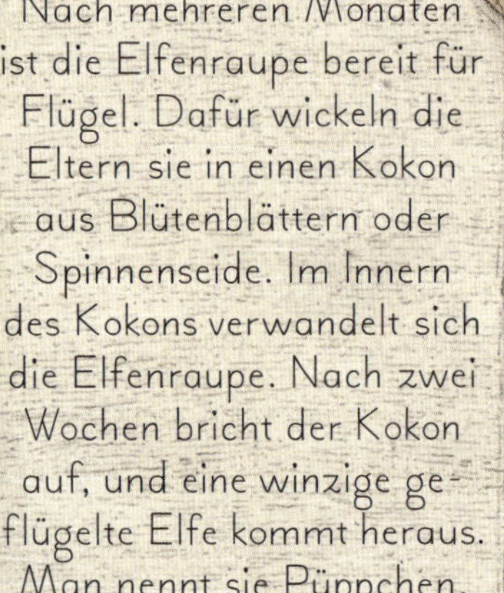

4. Püppchen

Das Püppchen ist kleinen Kindern sehr ähnlich und braucht die Fürsorge seiner Eltern. Mit ungefähr drei Jahren ist es dann erwachsen.

EIER-BESTIMMUNG

DRYADE *(Nympha quercus)*

Die in Wäldern lebende Dryade legt ihre Eier oft auf Eichenblätter.

FLUSS-ELFE *(Nympha fluminis)*

Eier der Fluss-Elfe lassen sich auf Blättern von wassernahen Bäumen wie der Erle entdecken.

WICKLOW-ELFE *(Nympha sidhe)*

Diese irische Elfe legt ihre Eier in Farn und Heidekraut der Wicklow-Berge.

SCHWALBENSCHWANZ-ELFE *(Nympha papilio)*

Die Schwalbenschwanz-Elfe legt ihre Eier für gewöhnlich auf Petersilienblätter oder zwischen andere Kräuter.

Die **DRYADEN-ELFENRAUPE** hat einen grünlichen Schwanz, um sich farblich an die Blätter des Eichenbaums anzupassen.

FLUSS-ELFENRAUPEN haben eine Schwanzflosse – vermutlich, um ihnen zu ermöglichen, ans Ufer zurückzuschwimmen, sollten sie von ihrem Ast ins Wasser fallen.

Sei vorsichtig, wenn du durch Heidekraut läufst. Du könntest auf die winzige, grün und lila geschmückte **WICKLOW-ELFENRAUPE** treten.

Man kann das fleckige Hinterteil der **SCHWALBENSCHWANZ-ELFE** leicht mit Vogelkacke verwechseln! Das ist eine Tarnung, um hungrige Greifvögel abzuhalten.

ELFENRAUPEN-BESTIMMUNG

DRYADEN-ELTERN basteln für ihre Jungen eine einfache Decke aus grünen Blättern.

FLUSS-ELFEN hängen ihre Kokons in die Äste von Trauerweiden, getarnt als Weidenkätzchen.

Das stachlige Aussehen des **WICKLOW-ELFENKOKONS** passt sich gut an Dornensträucher an.

Mit feinen Strähnen aus Spinnenseide ist der Kokon der **SCHWALBENSCHWANZ-ELFE** an einem Ast befestigt. Er besteht aus vertrockneten Blättern, sieht aus wie ein Zweig und bleibt so lange verdeckt, bis das Püppchen schlüpft.

KOKON-BESTIMMUNG

Die **BAUMHASEL-ELFE** ist eine Blatt-Nachahmerin. Ihre Tarnung erlaubt es ihr, zwischen den Blättern der Baumhasel zu verschwinden.

Gewagte Muster

Die Savannen-Elfe, die im afrikanischen Grasland zu Hause ist, trägt kühne Muster auf Kleidung und Flügeln. Diese hellen und dunklen Flecken verwirren das Auge und machen es schwer, den Umriss der Elfe zu erkennen. Diese Art von Tarnung hilft der Elfe, genau wie ein Gepard mit der Savanne zu verschmelzen.

Schlaue Tarnung

Es ist ein weit verbreiteter Irrglaube, dass sich Elfen unsichtbar machen können. Manchmal verschwinden sie direkt vor unserem Auge, aber nicht durch Magie, sondern durch geschickte Tarnung. Wie viele andere Tiere sind auch Elfen Meister der Tarnung und verwenden alle möglichen cleveren Methoden, um sich in Blumen und Blättern unsichtbar zu machen. Das ist einer der Hauptgründe, weshalb Elfen so selten von Menschen entdeckt werden. Man sieht sie nur, wenn sie gesehen werden wollen.

Kleiderschrank der Natur

Um von Raubvögeln, Menschen und anderen gefährlichen Wesen nicht gesehen zu werden, passen sich Elfen ihrem Lebensraum an. Form, Muster und Farbe von Elfenflügeln ähneln meistens Blüten oder Blättern. Das erleichtert es ihnen, sich zu verstecken. Um diese Tarnung zu vervollständigen, nähen sich Elfen ihre Kleidung aus Blüten, Blättern und Federn.

Alles neu (macht der Mai)!

Manche Arten, wie zum Beispiel die Apfelbaum-Elfen, halten einen Winterschlaf. Er hilft ihnen dabei, unentdeckt zu bleiben, wenn die Bäume blätterlos sind. Andere Elfen ändern je nach Jahreszeit ihre Erscheinung und passen sich an ihre Umgebung an. Zum Beispiel die Maiblüten-Elfe, die im Weißdornbaum lebt. Im Frühjahr trägt sie Kleider, die zu den weißen Baumblüten passen. Im Herbst ändert sie ihre Kleidung, um sich zwischen den roten Beeren zu verstecken.

MAIBLÜTEN-ELFE
im Herbst

MAIBLÜTEN-ELFE
im Frühling

Flügel und Kleidung der **DRYADE** ähneln Eichenblättern. Im Herbst und Winter trägt die Elfe einen Hut aus einer Eichelkappe, der sie schön warmhält.

Siehst du mich?

Schilfgras-Elfen leben in Sümpfen und anderen Feuchtgebieten. Sie tragen normalerweise gestreifte Kleidung, um sich im hohen Schilf zu verstecken. Sie sind eng mit einem Vogel namens Rohrdommel befreundet, der beigebraune Streifen hat, die ebenfalls dazu dienen, im Schilf nicht gesehen zu werden.

Weggefährten

Es sind nicht nur die farbigen Flügel und ihre Kleidung, die den Elfen helfen, nicht gesehen zu werden. Auch ihre Bewegungen dienen dazu, mit der Umgebung zu verschmelzen. Manche Elfen ahmen Blüten oder Blätter im Wind nach. Oft reisen Elfen auch gemeinsam mit einer Gruppe von Schmetterlingen, aus der Entfernung haben sie eine ganz ähnliche Erscheinung. Das nächste Mal, wenn eine Wolke gelber Schmetterlinge an dir vorbeifliegt, achte mal drauf, ob nicht eine Wiesen-Elfe darunter ist.

Elfen aus aller Welt

Elfen leben nicht nur auf Wiesen und in Gärten voller Blätter. Wenn du geduldig bist und dich mit offenen Augen umschaust, wirst du sie an Stellen finden, wo du überhaupt nicht mit ihnen gerechnet hättest. Elfen leben überall auf der Welt, im tropischen Dschungel genauso wie am eisigen Nordpol. In glühend heißen Wüsten und in hohen Gebirgen wirst du einige der häufigsten Elfenarten finden. Einige von ihnen werden auf den folgenden Seiten besprochen.

AFRIKA
Tautropfen-Elfe
(Wüste Sahara)
Savannen-Elfe
(Südafrika)
Lily Hopper
(Subsahara-Afrika)
Mond-Nymphe
(Madagaskar)
ASIEN
Steppen-Elfe
(Mongolei)
Ylang-Ylang-Elfe
(Indien)
Himalaja-Oreade
(Himalaja-Gebirge)
Glühwürmchen-Elfe
(China)
Kirschblüten-Elfe
(Japan)
AUSTRALASIEN
Königinnen-Elfe
(Neuguinea)
Blue-Mountains-Elfe
(Blue Mountains, Australien)
ANTARKTIS
Pinguin-Elfe
(Antarktis)
Polar-Wanderer
(Arktis/Antarktis)

Die Lebensräume von Elfen

Unterschiedliche Elfenarten leben in verschiedenen Lebensräumen, jede von ihnen hat sich ihrer Umgebung perfekt angepasst. So sorgen zum Beispiel die Schwimmfüße der Fluss-Elfe dafür, dass sie in der Wasserwelt komplett zu Hause ist, die glänzenden Flügel der Tautropfen-Elfe kühlen sie in der Hitze der Wüste, und die extra Fettschicht der Frost-Elfe hält sie warm, auch wenn es draußen eiskalt ist. Um die verschiedenen Elfenarten zu verstehen, musst du dich zunächst mit ihren verschiedenen Lebensräumen vertraut machen.

Bei Menschen zu Hause

Egal, wie du wohnst – es kann sein, dass du, ohne es zu wissen, dein Zuhause mit einer Elfenfamilie teilst. Unsere Wohnungen sind üblicherweise warme, trockene Orte, die Elfen Schutz bieten. Unsere Krümel und Essensreste versorgen sie mit ausreichend Nahrung.

Gärten

Elfen werden nur selten von Menschen entdeckt, aber wenn es passiert, dann meistens in einem Garten, oft in einem Blumen- oder Gemüsebeet. Gärten sind der perfekte Ort, um Elfen zu entdecken.

Wälder

Laubwälder gedeihen in einem gemäßigten Klima mit vier Jahreszeiten. Im Herbst lassen die Bäume ihre Blätter fallen. Der Blätterteppich, der dadurch entsteht, ist für einige Elfen ein ideales Versteck. Andere Wald-Elfen leben in Baumlöchern oder verlassenen Vogelnestern.

Weiden und Wiesen

Von den wilden Blumenwiesen der Britischen Inseln zur endlosen Prärie Nordamerikas und den weitreichenden Steppen Russlands: Grasflächen sind eine ideale Lebensumgebung für Elfen, und das Gras ist eine gute Tarnung.

Berge und Hügel

Das Leben in den Bergen ist hart. Zu den Herausforderungen gehören Kälte, starke Winde, wenige Pflanzen und eine geringe Menge an Sauerstoff. Trotzdem haben sich manche Elfenarten gut an das Leben in den Bergen mit diesen schwierigen Bedingungen angepasst.

Flüsse, Seen und Sumpfgebiete

Zu den Süßwasser-Biotopen zählen Flüsse, Seen und Sumpfgebiete. Sie bieten zahlreichen Wildtieren, inklusive Elfen, ein Zuhause. Viele Elfen, die hier leben, haben Schwimmfüße, die es ihnen erleichtern, sich im Wasser zu bewegen.

Küsten und Ozeane

Die Weltmeere bedecken zwei Drittel der Erde. Millionen verschiedener Lebewesen sind hier zu Hause, unter anderem auch Meer-Elfen. Diese im Wasser lebenden Säugetiere sind hervorragende Schwimmer, aber wie Wale müssen sie zwischendurch an die Oberfläche kommen, um Luft zu holen.

Dschungel

In den tropischen Gebieten rund um den Äquator schafft das heiße, feuchte Klima die idealen Bedingungen für Regenwälder. Zwischen Bäumen, die so hoch wie Wolkenkratzer werden, leben viele verschiedene Elfenarten.

Wüsten

Es fällt schwer sich vorzustellen, wie man an diesen glühend heißen Orten leben kann, aber das Leben findet einen Weg. Viele Wüsten-Elfen haben glitzernde Flügel, die Sonnenlicht reflektieren, große Ohren, um Körperwärme abzugeben, und lange, dichte Wimpern, die den Sand aus den Augen halten.

Die Polargebiete

Auch wenn die eiskalten Temperaturen und orkanartigen Winde am Nord- und Südpol Herausforderungen mit sich bringen: Diese Elfen sind gut gewappnet. Eine dicke Fettschicht hält sie warm, und ihre Spreizzehen sorgen dafür, dass sie nicht im Schnee versinken.

Wiesen- und Garten-Elfen

Wiesen und Gärten voller duftender Blumen und mit jeder Menge Blättern zum Verstecken sind wie Spielplätze für Elfen. Fast alle Elfen mögen Blumenbeete und Feldstreifen, die ruhig ein bisschen wild wachsen dürfen. Garten-Elfen werden am häufigsten von Menschen entdeckt. Manchmal kommen sie hervor, wenn Kinder draußen spielen.

HECKENROSEN-ELFEN verbringen den Frühling und Sommer damit, sich um Rosen zu kümmern, verwelkte Blätter und Schädlinge zu entfernen. Im Herbst schlagen sie sich die Bäuche mit Hagebutten voll, bevor sie sich zusammenrollen und den Winter über schlafen.

Heckenrosen-Elfe

(Nympha rosa)

LEBENSRAUM: Gärten

ZUHAUSE: Ein leerer Blumentopf

MERKMALE: Feine Kleidung aus Rosenblüten, Hagebuttenhut

VERHALTEN: Im Winter hält die Heckenrosen-Elfe in einer ruhigen Ecke des Gewächshauses oder unter dem Gartenschuppen Winterschlaf.

Viele Garten-Elfen übernehmen wichtige Arbeiten wie Samenverbreitung und Pflanzenbestäubung.

Geißblatt-Elfe

(Nympha tubi)

LEBENSRAUM: Neben Wegen und Hecken sowie in Gärten

ZUHAUSE: Ein verlassenes Vogelnest oder ein Schlafsack aus Blättern

MERKMALE: Grüne Finger, rosa-gelb gestreifte Flügel

VERHALTEN: Geißblatt-Elfen trinken gerne mit Gras-Strohhalmen winzige Schlucke süßen Nektars aus Geißblättern. Diese scheuen Geschöpfe haben eine besondere Beziehung zu Haselmäusen. Einmal hatte ich Glück und konnte beobachten, wie eine Elfe einer Haselmaus half, für ihr Nest kleine Stücke Geißblatt-Rinde zu sammeln.

Die **PFAUEN-ELFE** ist eine der am meisten angetroffenen Elfen. Häufig sieht man sie mit Honigbienen in der Nähe duftender Lavendelbüsche. Ich habe Pfauen-Elfen in meinem eigenen Garten entdeckt. Sie zeigten sehr wenig Angst gegenüber Menschen. Fast sind sie ein bisschen frech.

Pfauen-Elfe

(Nympha lavendula)

LEBENSRAUM: Überall, wo Lavendel wächst

ZUHAUSE: Eine Spalte in einem Steingarten oder eine Höhle in sandigem Boden

MERKMALE: Flügel ähnlich denen eines Pfauenauge-Schmetterlings mit großen Augenflecken. Diese sehen wie die Augen einer Eule aus, was hilft, um Raubvögel zu vertreiben.

VERHALTEN: Pfauen-Elfen scheinen eine enge Beziehung zu Honigbienen zu haben. Sie helfen ihnen beim Sammeln von Pollen und Nektar.

GEISSBLATT-ELFEN verbringen ihre Tage damit, Pflanzen zu versorgen. Sie haben tatsächlich grüne Finger – vielleicht kommt diese Bezeichnung für Leute, die Gartenarbeit lieben, von ihnen.

Im Frühling wirbeln die **APFELBAUM-ELFEN** zwischen den Baumblüten herum und kümmern sich um die Bäume. Man kann sie nur schwer erkennen, weil ihre wunderschön genähten Kleider sie mit ihrer Umgebung eins werden lassen.

Apfelbaum-Elfe
(Nympha pomotum)

LEBENSRAUM: Obstgärten und Streuobstwiesen

ZUHAUSE: Eine Höhle im Baumstamm

MERKMALE: Trägt zur Tarnung Kleidung aus Apfelblüten

VERHALTEN: Diese Elfen kümmern sich um den Apfelbaum und seine Früchte. Im Winter, wenn der Baum kahl ist, halten sie Winterschlaf.

Gemütlich und verschlafen – die **MOHNBLUMEN-ELFE** ist die Faulenzerin in der Elfenwelt. Vielleicht liegt es an ihrer Nahrung: Mohnsamen machen schläfrig. Diese Elfen bewegen sich sehr langsam, was sie davor schützt, von Raubvögeln entdeckt zu werden.

Mohnblumen-Elfe
(Nympha dormiens)

LEBENSRAUM: Wildblumenwiesen und Gärten

ZUHAUSE: Schläft in einer Mohnblüte, die sich nachts schließt

MERKMALE: Bienenartige Flügel

VERHALTEN: Im Spätsommer bringt die Mohnblumen-Elfe die Blütenstängel leicht in Bewegung, um Samen aus den Samenkapseln zu schütteln.

EIN JAHR IM LEBEN EINER APFELBAUM-ELFE

Frühling
Im Frühling sprießen die Blätter und Blüten der Apfelbäume. Jetzt haben die Apfelbaum-Elfen viel zu tun. Sie helfen dabei, die Pollen zu verteilen, und schützen die Früchte mit Spinnenseide vor spätem Frost.

Sommer
Im Sommer reifen die Früchte. Die Elfen kümmern sich darum, dass der Baum genug Wasser hat, damit die Früchte wachsen können. Und sie vertreiben Apfelwickler, die ihre Eier gerne in junge Äpfel legen, woraus dann später Würmer werden.

Herbst
Wenn der Herbst kommt, fallen die Früchte zu Boden. Für Apfelbaum-Elfen sind die Äpfel ein Festmahl, das ihnen Kraft für den Winter gibt. Die Elfen helfen dabei, die Kerne zu verstreuen und zu wässern, damit neue Bäume wachsen können.

Winter
Im Spätherbst verändern die Blätter ihre Farbe und fallen herab. Der Baum ist kahl. Im Winter ruht er sich aus, genauso wie die Apfelbaum-Elfe, die bis zum Frühlingsanfang durchschläft.

Weitere Wiesen- und Garten-Elfen

Hecken und Wildblumenwiesen bieten Elfen ein perfektes Zuhause, wo sie im Schatten hoher Gräser gedeihen. Einige uralte Hecken werden allerdings heute gerodet, um große Getreidefelder anzupflanzen, die sich maschinell bearbeiten lassen. Es ist wichtig, diese kostbaren Lebensräume für Insekten, Vögel, Fleder-, Feld- und Wühlmäuse zu beschützen – und natürlich für die Elfen.

Pusteblumen-Elfe

(Nympha minima)

LEBENSRAUM: Gärten und Wiesen

ZUHAUSE: Unter den Blättern des Löwenzahns

MERKMALE: Diese Elfe hat die Größe eines Fingernagels, ihre Flügel sind durchsichtig.

VERHALTEN: Wenn der Löwenzahn abgeblüht ist, fliegt die Pusteblumen-Elfe mit den Samen und führt sie in ein neues Zuhause.

Schwalbenschwanz-Elfe

(Nympha papilio)

LEBENSRAUM: Hecken und Wiesen

ZUHAUSE: Ein verlassenes Vogelnest in einer Hecke

MERKMALE: Flügel ähnlich denen des Schwalbenschwanz-Schmetterlings

VERHALTEN: Diese gesellige Elfe kann man im Sommer über Wiesen fliegen sehen. Sie sonnt sich gern in Kornblumen und Wiesenkerbel.

Die **PUSTEBLUMEN-ELFE** ist die kleinste Elfenart, die ich bislang entdeckt habe. Sie wird oft mit dem Samen der Pusteblumen verwechselt, wenn sie auf deren Fallschirm treibt.

Die **SCHWALBENSCHWANZ-ELFE** trägt ihren Namen aufgrund der Zipfel an ihren Flügeln, die wie die Schwanzfedern einer Schwalbe aussehen. Sie lenken Raubvögel vom Körper der Elfe ab.

Wilder Thymian, auch Elfen-Thymian genannt, ist ein wunderbar duftendes Kraut, das in dicken Sträuchern wächst. Es bietet einen perfekten Unterschlupf für diese bodenständigen Elfen.

Feldthymian-Elfe

(Nympha titania)

LEBENSRAUM: Kalkhaltiges Grasland, Wiesen und Ufergras

ZUHAUSE: Zwischen den dicken Stängeln des Feldthymians

MERKMALE: Lila Flügel, oft auch eine Krone aus lila Blütenblättern

VERHALTEN: Um ihr blättriges Zuhause zu schützen, halten diese geschäftigen kleinen Elfen Schafe und Kaninchen davon ab, den Feldthymian zu fressen. Ihre Methode: Sie kitzeln die Tiere an der Nase!

Maiblüten-Elfe
(Nympha maie)
LEBENSRAUM: Hecken und Wiesen
ZUHAUSE: Ein Nest aus Blättern, Zweigen und gefundener Wolle
MERKMALE: Kleidung aus Weißdornblättern und -blüten
VERHALTEN: Ich habe festgestellt, dass viele Maiblüten-Elfen eine besondere Beziehung zu Igeln haben. Oft bringen sie den Igeln Futter, passen auf die Jungen auf und entfernen ihnen Flöhe aus den Stacheln.
Halte die Augen offen, wenn du durch eine Wildblumenwiese gehst. Mit ein bisschen Glück kannst du eine WIESEN-ELFE zwischen den Schmetterlingen entdecken.
Wiesen-Elfe
(Nympha pratorum)
LEBENSRAUM: Wildblumenwiesen und Weiden
ZUHAUSE: Teilt sich oft einen Bau mit Feldmäusen
MERKMALE: Leuchtend gelbe Flügel, die wie Blumen aussehen
VERHALTEN: Die Wiesen-Elfe ernährt sich von Früchten und Samen, die sie mit den Feldmäusen teilt, wofür diese sich mit einem Schlafplatz revanchieren.
MAIBLÜTEN-ELFEN ernähren sich von den Früchten und den zarten Trieben des Weißdornstrauchs, der sie auch mit Kleidung versorgt.
Zirp, Zirp!
Vielleicht hast du schon mal Wiesen-Elfen gehört, ohne dass du es bemerkt hast. Um ein Weibchen auf sich aufmerksam zu machen, erzeugt die männliche Wiesen-Elfe einen Klang durch das Zusammenreiben ihrer Flügel. Diese haben spezielle kammartige Zacken, die bei Reibung ein Zirpgeräusch erzeugen.
Kammartige Zacken

Wald-Elfen

Das nächste Mal, wenn du im Wald bist, halte einfach mal einen Moment an, schließe die Augen und lausche. Während du hörst, wie die Blätter im Wind rascheln und die Vögel sich miteinander unterhalten, hast du vielleicht Glück und nimmst auch zarte Elfenstimmen wahr. Wälder sind das perfekte Zuhause für Elfen, die in den Zweigen oder auf dem blättrigen Waldboden Schutz suchen.

Diese Elfe hat ihren Namen wegen ihrer engen Beziehung zum Specht. Man sieht die **SPECHT-ELFE** oft auf dem Rücken dieses kreativen Vogels reiten.

Bläuling-Elfe

(Nympha caesula)

LEBENSRAUM: Wälder auf den Britischen Inseln

ZUHAUSE: Normalerweise ein Höhlenbau

MERKMALE: Ihre Flügel sind dem Faulbaum-Bläuling-Schmetterling verblüffend ähnlich: eine super Tarnung in den Hasenglöckchen, wo die Elfe viel Zeit verbringt.

VERHALTEN: Diese geselligen Elfen sind am aktivsten im späten Frühling, wenn ein Teppich aus wunderschönen Hasenglöckchen den Boden bedeckt - ein wahres Paradies für die Elfen. Im Winter schlafen sie in einem Dachs- oder Kaninchenbau.

BLÄULING-ELFEN spielen in volkstümlichen Erzählungen auf den Britischen Inseln eine große Rolle. Ein Körnchen Wahrheit steckt in diesen alten Geschichten. Wenn man ganz genau schaut, trifft man tatsächlich in den Hasenglöckchen-Wäldern auf Bläulinge.

Specht-Elfe

(Nympha picidae)

LEBENSRAUM: Wald

ZUHAUSE: Ein Baumloch, das von einem freundlichen Specht gehackt wurde

MERKMALE: Verglichen mit anderen Arten hat diese Elfe ungewöhnlich kleine Flügel. Statt zu fliegen, bekommt sie oft eine Mitfluggelegenheit auf dem Rücken eines Spechts.

VERHALTEN: Specht-Elfen passen auf die Nisthöhlen der Spechte auf, während diese auf Futtersuche sind. Sie sind nützliche Nestverteidiger, denn die Spechtlöcher sind bei Schwalben und Staren sehr beliebt.

Diese abgehärtete Elfe sieht man öfter im Spätwinter und zu Frühlingsanfang, wenn sie zwischen Schneeglöckchen herumspringt.

Schneeglöckchen-Elfe

(Nympha galanthus)

LEBENSRAUM: Feuchte europäische Waldgebiete

ZUHAUSE: Ausgehöhlte Baumstümpfe

MERKMALE: Die Schneeglöckchen-Elfe hat durchsichtige Flügel aus einem sehr stabilen, flexiblen Material, das außerdem wärmt.

VERHALTEN: Schneeglöckchen-Elfen halten keinen Winterschlaf. Bei eisigen Temperaturen wickeln sie ihre Flügel um sich, um einen warmen Kokon zu schaffen.

Baumhasel-Elfe
(Nympha aineae)

LEBENSRAUM: Wälder in Irland

ZUHAUSE: Die meiste Zeit des Jahres wohnen Baumhasel-Elfen unter den Milchkappenpilzen am Waldboden. Im Winter schlafen sie in den Ästen der Baumhasel.

MERKMALE: Die Flügel der Baumhasel-Elfe sehen Blättern zum Verwechseln ähnlich, sodass sie sich ihrer Umgebung perfekt anpassen.

VERHALTEN: Im Herbst sammelt die Baumhasel-Elfe einen großen Vorrat an Haselnüssen, um im Winter genügend zu essen zu haben. Sie verteidigt ihre Nüsse erbittert gegenüber Eichhörnchen, Meisen und Spechten.

Dryade
(Nympha quercus)

LEBENSRAUM: Wälder in Europa und Nordamerika

ZUHAUSE: Eine ausgehöhlte Stelle im Stamm eines Eichenbaums

MERKMALE: Flügel und Kleidung ahmen Eichenblätter nach, dazu ein Eichelhut.

VERHALTEN: Dryaden haben ein schwieriges Verhältnis zu Eichhörnchen. Sie befinden sich im Wettbewerb um dieselben Eicheln und Nestlöcher. Daher versuchen Dryaden Bäume zu meiden, auf denen Eichhörnchen leben.

Weitere Wald-Elfen

Bäume sind die Lunge unseres Planeten und überlebenswichtig für die Welt. Tief im Boden verwurzelt, reichen sie bis in den Himmel hinein und versorgen uns mit Sauerstoff zum Atmen. Wälder liefern uns nicht nur Holz und Medizin, sie bieten zahllosen Geschöpfen überall auf der Welt ein Zuhause – auch Elfen!

Die **BIRKEN-ELFE** ist nachtaktiv. Tagsüber schläft sie, nachts macht sie sich auf die Suche nach Nüssen, Beeren und Körnern.

Birken-Elfe
(Nympha betula)

LEBENSRAUM: Wälder Europas, besonders häufig in Tschechien

ZUHAUSE: Nest in einer Astgabel

MERKMALE: Zarte und durchsichtige Flügel, fast wie aus Glas

VERHALTEN: In der Dämmerung kann man diese verspielten Elfen bisweilen beobachten, wie sie an biegsamen Ästen der wunderschönen Birke schaukeln. Die Elfen beschützen ihre Bäume, indem sie die Blattläuse abpflücken, die Pflanzensaft aus den Blättern saugen und sie gelb und schrumpelig werden lassen.

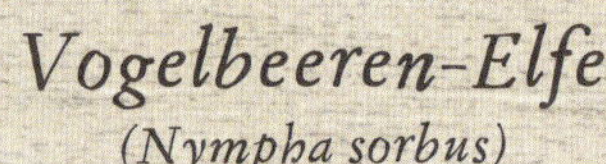

Vogelbeeren-Elfe
(Nympha sorbus)

LEBENSRAUM: Wälder

ZUHAUSE: Ein Nest aus Zweigen und Blättern am Waldboden

MERKMALE: Im Frühling und Sommer tragen diese Elfen grüne und weiße Kleidung, die blütenähnlich aussieht. Im Herbst passen sie ihre Kleidung den roten Früchten an.

VERHALTEN: Die Elfen essen das Fruchtfleisch der Vogelbeeren und helfen, den Samen zu verbreiten, sodass wieder neue Vogelbeerbäume wachsen.

Im Spätherbst fliegt die robuste kleine **VOGELBEEREN-ELFE** zusammen mit den Wacholder- und Rotrückendrosseln von Skandinavien nach England und Frankreich.

ELFEN UND IHR ZUHAUSE

Elfen leben in allen möglichen Behausungen, von sorgfältig gewebten Nestern zu Baumlöchern und Untergrundhöhlen.

Blattlager

Genau wie Schneidervögel nähen manche Elfen Blätter zusammen, um sich ein Zuhause zu bauen.

Gepflegte Nester

Viele Elfen bauen sich Baumnester aus Gras, Zweigen und Stöckchen.

Warm und wollig

Manche Elfen sammeln abgeworfene Federn und Schafwolle, um ihr Nest auszupolstern.

Baumhäuser

Baumlöcher sind ein idealer Wohnort für Elfen, auch wenn es viel Konkurrenz von Vögeln und Eichhörnchen gibt.

Untergrundhöhle

Manche Arten graben sich ihren eigenen Bau, andere ziehen in leere Höhlen ein oder wohnen bei Mäusen und Kaninchen.

Im Raupenstadium hat die Glühwürmchen-Elfe einen leuchtenden Schwanz – wie ein echtes Glühwürmchen.

Glühwürmchen-Elfe

(Nympha scintilla)

LEBENSRAUM: Bambuswälder in China

ZUHAUSE: Ein Nest aus Bambusblättern oder die verlassene Höhle einer Bambusratte

MERKMALE: Glühflügel und besonders große Augen

VERHALTEN: Die Glühwürmchen-Elfe ist nachtaktiv, sie kommt nur nachts aus ihrem Nest. An manchen Sommerabenden tauchen Hunderte dieser kleinen Elfen auf und flackern und flitzen durch das Bambusgehölz.

Die Flügel der Glühwürmchen-Elfe bestehen aus Dutzenden von leuchtenden Organen.

Diese asiatische Elfe hat eine besondere Fähigkeit: Sie glüht im Dunkeln. Die **GLÜHWÜRMCHEN-ELFE** ist biolumineszierend. Das heißt, dass Teile ihres Körpers leuchten. Man geht davon aus, dass dies eine Art von Schutz ist, um sich gegenüber Angreifern zu verteidigen. Vielleicht hilft es ihnen aber auch einfach, im Dunkeln zu sehen.

Die großen Augen dieser Elfe ermöglichen ihr, im Dunkeln zu sehen.

Berg- und Hügel-Elfen

Von den schneebedeckten Bergspitzen zu dicht bewaldeten Hügeln bietet die Bergwelt einigen der bemerkenswertesten Elfenarten ein Zuhause. Viele Berg-Elfen haben sich an diese spezielle Lebensumgebung angepasst und existieren nur hier.

Die **TUNDER** (was auf Ungarisch Elfe bedeutet) lebt in der Karpatenregion in Zentral- und Osteuropa.

Bergtunder

(Nympha hungaria)

LEBENSRAUM: Bewaldete Berghänge

ZUHAUSE: Entweder ein selbst gebautes oder von Vögeln verlassenes Nest

MERKMALE: Schimmernde Glanzflügel reflektieren das starke Sonnenlicht und kühlen die Elfe.

VERHALTEN: Die Bergtunder hat eine enge Beziehung zum Siebenschläfer, der seine Wohnung oft mit der Elfe teilt. Im Gegenzug hält die Elfe Ausschau nach Luchsen, Baummardern und Wildkatzen.

Diese irische Elfe kommt nur in den Wicklow-Bergen vor. Das ungeübte Auge hält sie oft für einen Perlmuttfalter, da sich die Muster auf ihren Flügeln frappierend ähneln.

Wicklow-Elfe

(Nympha sidhe)

LEBENSRAUM: Die Wicklow-Berge in Irland

ZUHAUSE: Eine Höhle innerhalb eines Cairn (das ist ein aufgeschichteter Steinhügel)

MERKMALE: Schwarz-orange gesprenkelte Flügel ermöglichen es der Elfe, im Farnkraut unterzutauchen.

VERHALTEN: Wicklow-Elfen fliegen zu vielen verschiedenen Pflanzen, um Beeren und Körner zu essen. Wenn der Sommer vor der Tür steht, halten sie sich allerdings von Ginsterbüschen fern. Die Samenschoten dieser Pflanzen explodieren und können extrem gefährlich sein.

Wie viele andere Berg-Elfen hat auch die **ALPEN-ELFE** eine große Flügelspannweite. Das ermöglicht es ihr, in thermischen Luftströmen aufzusteigen und dabei Energie zu sparen. Außerdem nutzt die Elfe ihre Flügel während des Winterschlafs als Decke, um warm zu bleiben.

Alpen-Elfe

(Nympha alpum)

LEBENSRAUM: Alpine Wiesen und höhere Berghänge

ZUHAUSE: Teilt sich eine Höhle mit dem Alpenmurmeltier

MERKMALE: Ungewöhnliche Flügelspannweite

VERHALTEN: Diese Elfe ist ein nützlicher Begleiter für das Alpenmurmeltier. Nähert sich ein Raubtier, so stößt die Elfe einen besonderen Warnruf aus: einmal pfeifen heißt Gefahr von oben, zum Beispiel durch Steinadler, und zweimal pfeifen warnt vor Feinden am Boden, zum Beispiel vor Wölfen.

Blue-Mountains-Elfe

(Nympha katoombae)

LEBENSRAUM: Hängende Sümpfe an Felswänden der australischen Blue Mountains

ZUHAUSE: Felsspalte oder Felsvorsprung außer Reichweite von Dingos und anderen Raubtieren

MERKMALE: Libellenähnliche Flügel und an die Vegetation angepasste Kleidung

VERHALTEN: Blue-Mountains-Elfen sind scheue Kreaturen, die normalerweise allein oder in Paaren leben. Die Sumpfgebietspflanzen bieten ausreichend Nahrung, sodass sie ihr Zuhause an der Felswand nie wirklich verlassen müssen.

Diese winzigen australischen Elfen sind sehr schwer zu entdecken, weil sie an Felswänden zu Hause sind und von sogenanntem hängendem Sumpf, der an den steilen Hängen wächst, gut verdeckt werden. Auf einer tückischen Forschungsexkursion habe ich mich von einer rutschigen Felswand mit Kamera und Notizbuch abgeseilt. Ich musste zwei Stunden lang reglos ausharren, bis ich mit einem flüchtigen Blick auf dieses schüchterne und wunderschöne Wesen belohnt wurde.

Diese außer-
gewöhnlichen Elfen
sind extrem abgehärtet
und leben auf einer Höhe
von über 4 000 Metern.
Dies liegt an einer Substanz
in ihrem Blut, die sie davor
schützt, bei bitterkalten
Temperaturen zu frieren.

Himalaja-Oreade

(Nympha nipalensis)

LEBENSRAUM: Hohe Berghänge im Himalaja-Gebirge

ZUHAUSE: Eine Höhle im Schnee

MERKMALE: Wird oft mit dem Apollofalter verwechselt, da dessen Flügel sehr ähnlich sind

VERHALTEN: Manchmal kann man die Oreaden entdecken, wenn sie sich von Bergwinden auftreiben lassen. Im Winter schlafen sie in Schneehöhlen, aber im Sommer kommen sie auf die Bergwiesen geflogen, um Nektar zu trinken.

Schneider-Elfe

(Nympha sartor)

LEBENSRAUM: Bergwälder in Südostasien

ZUHAUSE: Ein zusammengenähtes Nest aus Blättern und Spinnenseide

MERKMALE: Farbenfrohe Flügel signalisieren Raubvögeln, dass diese Elfe giftig ist.

VERHALTEN: Diese geschäftige Elfe wagt sich oft meilenweit vom Nest weg, um flauschiges Material zu finden, mit dem sie ihr Nest auspolstert.

Die **SCHNEIDER-ELFE** hat eine enge Beziehung zum Bergschneidervogel. Sie hilft dem Vogel beim Nähen seines berühmten Nests und passt mit auf die Jungen auf. Dafür darf sie, wenn der Nachwuchs ausgeflogen ist, selbst in den Nistplatz einziehen.

Kirschblüten-Elfe
(Nympha cerasus)

LEBENSRAUM: Japanische Kirschbäume im niedrigen Gebirge

ZUHAUSE: Ein kleines Nest aus Zweigen und Gras

MERKMALE: Die Flügel ändern das ganze Jahr über ihre Farbe. Im Frühling sind sie rosa und weiß, um sich den wunderschönen Kirschblüten anzupassen; im Sommer werden sie grün wie die neuen Blätter, und im Herbst nehmen die Flügel eine orangerote Farbe an – wie der Baum.

VERHALTEN: Die Kirschblüten-Elfe kümmert sich in vielfältiger Weise um den Baum, in dem sie lebt. Sie entfernt Spinnmilben und andere Parasiten, die den Blättern schaden.

In Japan hat jeder Kirschbaum sein eigenes Elfenvolk. Im Winter, wenn die Bäume schlafen, machen auch die Elfen Winterschlaf, aber wenn der Frühling ansteht und die zierlichen Knospen auftauchen, kommen auch die Elfen wieder hervor.

Diese Elfen leben friedlich neben dem zwitschernden Brillenvogel, der süßen Nektar aus den Blüten trinkt.

KIRSCHBLÜTEN-ELFEN sind in den japanischen Bergen beheimatet, aber können auch woanders leben. Zum Beispiel in den USA, wo sie in Kirschbäumen an den Ufern des Flusses Potomac in Washington, D. C. wohnen. Diese Bäume waren ein Geschenk aus Japan und wurden im Jahr 1912 angepflanzt. Vermutlich sind die Elfen mit ihnen mitgereist.

Weitere Berg- und Hügel-Elfen

Welche Pflanzen und Tiere in den Bergen wohnen, ist abhängig von der Berghöhe. Die unteren Hänge sind normalerweise mit Wald bedeckt, aber je höher man kommt, desto mehr dünnen die Bäume aus, bis sie am Gipfel schließlich komplett verschwunden sind. Berg-Elfen verfügen über einzigartige Tricks, um die rauen Winde und eiskalten Temperaturen auf den Bergspitzen zu überstehen.

Wenn du gut hinhörst, kannst du an heißen Sommertagen an abgelegenen Flüssen das Lachen von **FLUSS-ELFEN** hören, die über das Wasser springen, um ihre Zehen zu kühlen.

Fluss-Elfe
(Nympha fluminis)

LEBENSRAUM: Europäische Flusslandschaft

ZUHAUSE: Ein verlassenes Eisvogel-Nest am sandigen Flussufer

MERKMALE: Wasserfeste, libellenähnliche Flügel, Schwimmfüße

VERHALTEN: Auch wenn Fluss-Elfen gerne mit ihren Zehen im Wasser plantschen, passen sie immer auf, nicht von hungrigen Hechten erwischt zu werden. Die aggressiven Raubfische sind berüchtigt dafür, nach Elfen an der Wasseroberfläche zu schnappen.

Süßwasser-Elfen

Die Flüsse, Seen und Moorlandschaften dieser Welt bieten vielen ganz unterschiedlichen Elfenarten ein Zuhause. Die wasserliebenden Elfen haben eine Sache gemein: Schwimmfüße. Damit können sie entweder im Wasser schwimmen oder auf der Oberfläche entlanggleiten.

Amerikanische Ureinwohner nennen sie „kleine Leute“: die **JOGAH-ELFEN**, die an Flüssen und Bächen wohnen.

Jogah-Elfe
(Nympha jogah)

LEBENSRAUM: Flussufer in Nordamerika

ZUHAUSE: Häufig in einer Biberburg

MERKMALE: Schwimmfüße. Die Flügel der Elfe sind dem giftigen Battus Philenor Schmetterling nachempfunden und dienen vermutlich der Abschreckung.

VERHALTEN: Gemessen an ihrer Größe, sind Jogah-Elfen unheimlich stark. Man weiß, dass sie Bibern beim Bau von Dämmen helfen – als Dank dafür, dass sie in ihren Burgen wohnen dürfen.

Irrlicht

(Nympha ignis fatuus)

LEBENSRAUM: Moor- und Sumpfgebiete weltweit

ZUHAUSE: Ein Nest aus Schilf im seichten Wasser

MERKMALE: Genau wie die asiatische Glühwürmchen-Elfe verfügt das Irrlicht über lichtproduzierende Organe in seinen Flügeln.

VERHALTEN: Das Irrlicht ist nachtaktiv. Es taucht nachts auf, um Samen und Früchte des Gagelstrauchs und anderer Moorpflanzen zu speisen.

Seit Jahren berichten Einwohner von St. Louis in Saskatchewan in Kanada von nächtlichen Geisterlichtern. Aus anderen Sumpfgebieten der Welt gibt es ähnliche Berichte. Manche sagen, das Phänomen würde durch die Moorgase ausgelöst, aber ich glaube, dass es sich um die im Sumpf herumschwebenden **IRRLICHTER** handelt.

Wie das Blatthühnchen kann auch **LILY HOPPER** auf dem Wasser laufen. Diese einzigartige Elfe hat sehr kleine Flügel und fliegt nur selten. Stattdessen nutzt sie ihre großen Schwimmfüße, um über Teiche und Seen zu flitzen.

Lily Hopper

(Nympha lilium)

LEBENSRAUM: Seichte Seen in Afrika

ZUHAUSE: Ein großes Seerosenblatt

MERKMALE: Ungewöhnlich lange Schwimmfüße, kleine Flügel

VERHALTEN: Das Lieblingsessen dieser Elfe sind die schwammigen Früchte der Seerose. Die Lily Hopper beschützt ihre Seerose vor Schädlingen und hilft bei der Bestäubung. Sind die Seerosen bestäubt, ändern sie ihre weiße Farbe und werden lila.

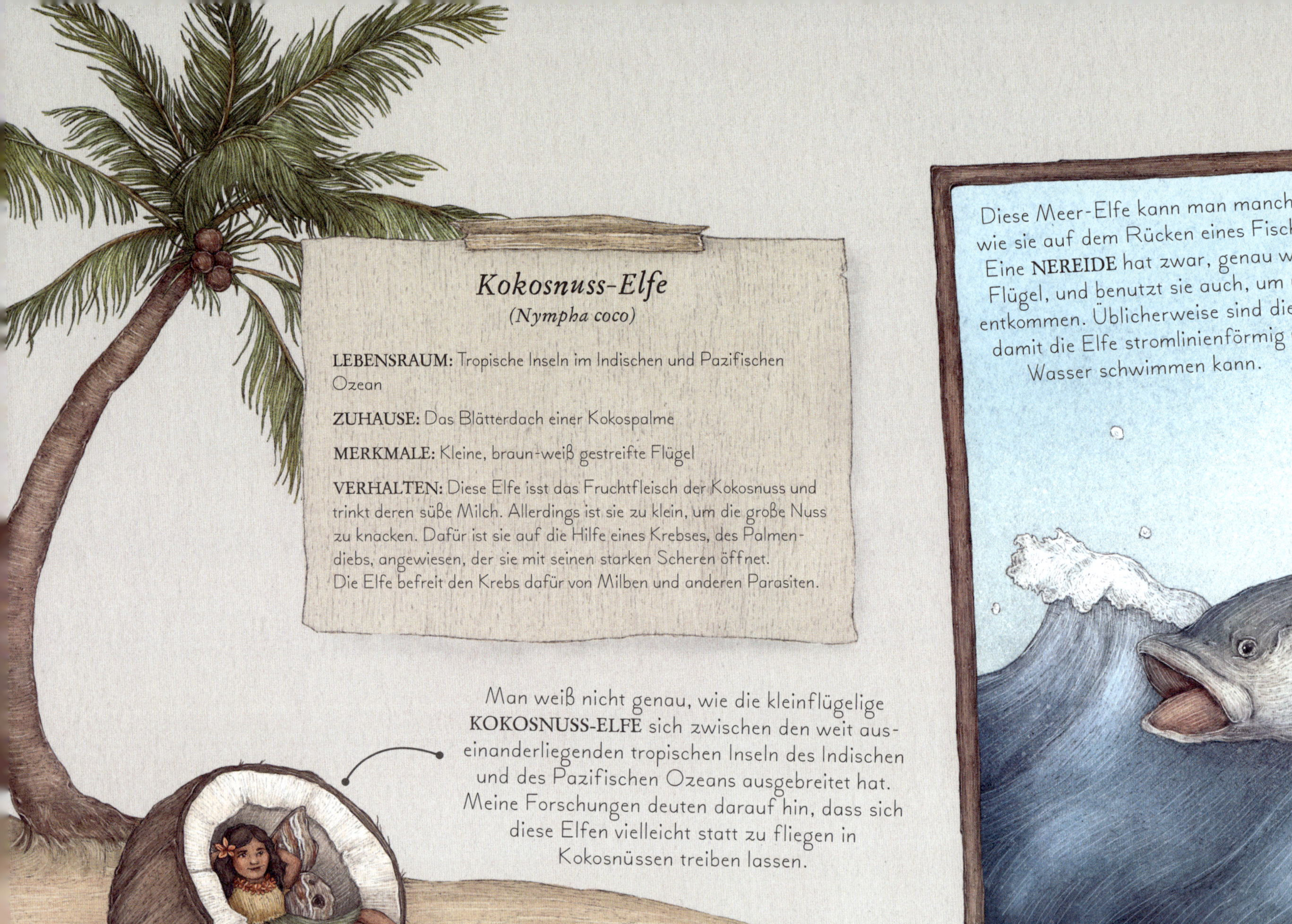

Kokosnuss-Elfe

(Nympha coco)

LEBENSRAUM: Tropische Inseln im Indischen und Pazifischen Ozean

ZUHAUSE: Das Blätterdach einer Kokospalme

MERKMALE: Kleine, braun-weiß gestreifte Flügel

VERHALTEN: Diese Elfe isst das Fruchtfleisch der Kokosnuss und trinkt deren süße Milch. Allerdings ist sie zu klein, um die große Nuss zu knacken. Dafür ist sie auf die Hilfe eines Krebses, des Palmendiebs, angewiesen, der sie mit seinen starken Scheren öffnet. Die Elfe befreit den Krebs dafür von Milben und anderen Parasiten.

Man weiß nicht genau, wie die kleinflügelige **KOKOSNUSS-ELFE** sich zwischen den weit auseinanderliegenden tropischen Inseln des Indischen und des Pazifischen Ozeans ausgebreitet hat. Meine Forschungen deuten darauf hin, dass sich diese Elfen vielleicht statt zu fliegen in Kokosnüssen treiben lassen.

Diese Meer-Elfe kann man manchmal dabei beobachten, wie sie auf dem Rücken eines Fisches über Wellen springt. Eine **NEREIDE** hat zwar, genau wie ein fliegender Fisch, Flügel, und benutzt sie auch, um über Wasser Jägern zu entkommen. Üblicherweise sind die Flügel aber eingefaltet, damit die Elfe stromlinienförmig unter Wasser schwimmen kann.

Meer- und Küsten-Elfen

Die meisten Elfenarten, die ich erforscht habe, leben an Land oder im Süßwasser, aber es gibt auch ein paar Arten, die in den Ozeanen zu Hause sind. Da mir die Ausrüstung für eine Tiefsee-Expedition fehlt, ist mein Wissen über diese Elfen begrenzt. Vielleicht wird es Forschenden in der Zukunft möglich sein, unter den Wellen zu reisen, um mehr über die Tierwelt der Ozeane zu erfahren.

Nereide

(Nereida oceanica)

LEBENSRAUM: Ozeane weltweit (mit Ausnahme der Polarregionen)

ZUHAUSE: Bleiben selten lange an einem Ort, bewegen sich die ganze Zeit, tauchen alle paar Minuten über Wasser auf, um nach Luft zu schnappen

MERKMALE: Nereiden haben einen dunklen Rücken und einen blassen Bauch. So können sie sich dem dunklen Meer anpassen und vor dem gierigen Blick von Seevögeln schützen. Für Fressfeinde von unten scheinen sie dagegen hell wie der Himmel. Man nennt dies Tarntönung. Sie ist bei Meerestieren stark verbreitet.

VERHALTEN: Nereiden schwimmen zu ihrem Schutz oft in großen Scharen silbriger Fische. Für weite Reisen hängen sie sich manchmal auch an Delfinbäuche.

Mangroven-Elfe

(Nympha palorum)

LEBENSRAUM: Mangrovenwälder Sundarbans in Indien

ZUHAUSE: Ein Nest in verknoteten Baumwurzeln direkt über der Wasseroberfläche

MERKMALE: Schwimmfüße, wasserfeste Flügel ähnlich denen von Libellen

VERHALTEN: Die Mangroven-Elfe ist in der Morgen- und Abenddämmerung aktiv. Dann taucht sie aus ihrem Nest auf und flattert über den Sumpf. Tagsüber versteckt sie sich vor jagenden Katzen, Schlangen und Fischadlern.

Mangrovenwälder wachsen in den Sümpfen tropischer Küsten, wo Meer und Land aufeinandertreffen. Die herunterhängenden Wurzeln der Mangrovenbäume bilden ein dichtes Gewirr und bieten damit vielen Tieren ein perfektes Versteck. Unter anderem wohnt hier auch die extrem seltene **MANGROVEN-ELFE**.

Regenwald-Elfen

Der Amazonas-Regenwald ist ein beeindruckender Ort voller Leben. Das tropische Biotop ist voller saftiger Pflanzen, die Tausenden von verschiedenen Tieren Futter und Schutz bieten. Auf diesen Seiten sieht man nur ein paar der vielen Elfenarten, die am Amazonas zu Hause sind. Meine Forschung bleibt hier an der Oberfläche, und ich bin mir sicher, dass es in diesem Regenwald noch viele weitere unentdeckte Elfenarten gibt.

Bei meiner letzten Reise in den Amazonas-Regenwald habe ich eine bemerkenswerte Entdeckung gemacht. Am Rande einer sonnigen Lichtung erspähte ich eine schillernde, schnell durch die Gegend huschende Elfe. Ihre schnell schlagenden Flügel erzeugten ein deutlich hörbares Brummen, während sie von Blume zu Blume flog, um Nektar zu trinken. In der Nähe fand ich mehrere winzige Nester aus Seide, die im Unterholz versteckt waren und jeweils eine tief schlafende Elfe beherbergten.

KOLIBRI-ELFEN verbrauchen am Tag so viel Energie, dass sie nachts sehr tief schlafen. Morgens brauchen sie ungefähr eine Stunde, um richtig wach zu werden.

Es ist nicht bekannt, wie die **KOLIBRI-ELFEN** es schaffen, mit ihren Flügeln so viel schneller zu schlagen als andere Elfen. Diese faszinierende Elfenart verdient weitere Forschung.

Kolibri-Elfe

(Nympha volitans)

LEBENSRAUM: Amazonas-Regenwald in Südamerika

ZUHAUSE: Ein winziges Nest aus Gras und Spinnenseide

MERKMALE: Schimmernde, juwelenartige Flügel

VERHALTEN: Genau wie Kolibris sind auch Kolibri-Elfen extrem wendige Flieger: Sie können vorwärts, rückwärts, seitwärts und sogar kopfüber fliegen. Ihre Flügel schlagen unzählige Male pro Sekunde, zu schnell für das bloße Auge. Jeden Tag besuchen sie Hunderte, wenn nicht Tausende trompetenartiger Blumen, deren Nektar sie mithilfe eines Strohhalms trinken.

Malachit-Elfe

(Nympha viridi)

LEBENSRAUM: Amazonas-Regenwald in Südamerika

ZUHAUSE: Schläft in den zusammengefalteten Blättern der Mimose

MERKMALE: Flügel ähnlich denen des Malachitfalters. Markierungen sollen Schlangen und Raubvögel abschrecken.

VERHALTEN: Diese geselligen Elfen lieben die Sonne. Oft nehmen sie ein Sonnenbad auf dem Dach des Regenwalds. Abwechselnd halten sie Ausschau nach Adlern und Brillenkauzen, sodass die anderen in Ruhe ein Sonnenbad nehmen, sich pflegen oder Früchte verzehren können.

Die **MALACHIT-ELFE** trägt oft Kleidung, die sie aus wunderschönen Regenwaldblüten genäht hat.

Der Schwanz von der Raupe der **REGENWALD-NYMPHE** sieht einem Schlangenkopf sehr ähnlich, inklusive der beängstigenden Augen. Das ist sehr nützlich, um Raubtiere zu vertreiben.

Die Mimose schließt ihre Blätter bei Berührung, um hungrige Insekten abzuschrecken. Wenn du dir die geschlossenen Pflanzenwedel genau ansiehst, kannst du schlaue **MALACHIT-ELFEN** entdecken, die die Blätter als Schlafsack nutzen! Das Blatt bietet ihnen einen gemütlichen und vor Räubern geschützten Platz zum Ausruhen.

Die **REGENWALD-NYMPHE** gehört mit einer Flügelspannweite von bis zu zehn Zentimetern zu den größten Elfenarten. Man kann sie am Ufer von Regenwaldflüssen sehen, wo sie Camu-Camu oder süße Passionsfrüchte genießt.

Regenwald-Nymphe

(Nympha amazonia)

LEBENSRAUM: Amazonas-Regenwald in Südamerika

ZUHAUSE: Ein Baumwipfelnest in Wassernähe

MERKMALE: Schimmernde, blaue Flügel, die denen des Blauen Morphofalters erstaunlich ähneln

VERHALTEN: Die Regenwald-Nymphe hat eine schlaue Strategie, sich zu verstecken. Wenn sie sich bedroht fühlt, schließt sie ihre schillernden Flügel, sodass man die braun gesprenkelte Unterseite sieht. So verschmilzt sie mit dem Baumstamm oder abgestorbenen Blättern.

Weitere Regenwald-Elfen

Der Amazonas ist nicht der einzige Regenwald voller überraschender Elfen. Regenwald-ansässige Elfen gibt es auch anderswo auf der Welt. So zum Beispiel auf den saftigen, grünen Inseln Indonesiens, in den Regenwäldern des afrikanischen Festlands, auf Madagaskar und im tropischen Dschungel Indiens. Wenn man weiß, wo man suchen muss, findet man Elfen überall in diesen fruchtbaren Biotopen, in feuchten Waldböden ebenso wie in sonnigen Baumdächern.

Mit einer Flügelspannweite von 15 Zentimetern ist die **KÖNIGINNEN-ELFE** die größte Elfenart, die ich bislang entdeckt habe. Diese spektakuläre Elfe, die tief im Dschungel lebt, muss keine Angst vor Fressfeinden haben, da sie giftig ist.

Diese winzigen Elfen sind gefährdet, weil ihre Nester unsicher sind. **ZWERG-ELFEN** leben in unmittelbarer Nachbarschaft von Weißnestsalanganen, einer Vogelart, die in Südostasien heimisch ist. Die Nester, die aus getrocknetem Speichel bestehen, werden in alarmierender Anzahl von Menschen gesammelt, denn sie werden für eine lokale Spezialität benutzt: Vogelnestsuppe.

Zwerg-Elfe

(Nympha pumilia)

LEBENSRAUM: Indonesische Regenwälder

ZUHAUSE: Essbare Nester der Salanganen in Höhlen bewaldeter Berghänge

MERKMALE: Eine der kleinsten Feenarten mit einer Flügelspannweite von nur drei Zentimetern

VERHALTEN: Zwerg-Elfen lieben den Nektar am Rand der Kannenpflanze. Allerdings müssen sie dabei sehr gut aufpassen. Die Ränder sind rutschig, und eine Elfe kann leicht in die Trichter fallen. Sollte dieses Unglück passieren, wird sie aber meist von vorüberfliegenden Freundinnen und Freunden wieder herausgezogen, bevor die fleischfressende Pflanze sie zum Abendbrot verspeist.

Königinnen-Elfe

(Nympha regina)

LEBENSRAUM: Entlegene Regenwälder in Neuguinea

ZUHAUSE: Ein hohes Nest im Pfeilgiftbaum

MERKMALE: Flügel ähneln dem weltgrößten Schmetterling, dem Königin-Alexandra-Vogelfalter; sie tragen Kopfschmuck aus Paradiesvogelfedern.

VERHALTEN: Diese Elfen ernähren sich sehr merkwürdig. Sie trinken den Saft des Pfeilgiftbaums! Unglaublicherweise sind sie immun gegen dessen tödliche Substanz. Außerdem macht der Saft die Elfen selbst giftig, was sehr praktisch gegenüber Fressfeinden ist.

Diese nachtaktive Elfe ist nach dem Ylang-Ylang-Baum benannt. Seine Blüten verströmen nachts ihr süßes Aroma. In der Dämmerung sind die schüchternen Elfen in Gruppen unterwegs, um den duftenden Nektar zu trinken.

Ylang-Ylang-Elfe

(Nympha cananga)

LEBENSRAUM: Südasiatischer Dschungel

ZUHAUSE: Auf den Ästen des Ylang-Ylang-Baums

MERKMALE: Besonders große Augen und Ohren helfen der Elfe, sich nachts zu orientieren.

VERHALTEN: Bei ihrem nächtlichen Flug von Blüte zur Blüte bringt die Elfe den Pollen von einer Blüte zur nächsten. Sie hat eine gute Beziehung zu vielen nachtaktiven Motten, die ebenfalls den süßen Nektar des Ylang-Ylang-Baums trinken.

Passend zu ihrem königlichen Namen trägt die Elfenraupe einen goldenen Kokon. Der ist nicht wirklich aus Gold, sondern aus Chitin. Das ist derselbe Stoff, der Prachtkäfern ihren metallischen Glanz verleiht. Der glänzende Kokon reflektiert die Farben der Umgebung und ist daher für hungrige Vögel und Schlangen schwer zu erkennen.

Madagaskar, eine abgelegene Insel vor der Ostküste Afrikas, ist Lebensraum außergewöhnlicher Tierarten, von denen einige nirgendwo sonst auf der Erde zu finden sind. Zu diesen einzigartigen Wesen gehören Madagaskars berühmte Makis, der Tomatenfrosch, das Pantherchamäleon – und die **MOND-NYMPHE.**

Mond-Nymphe

(Nympha luna)

LEBENSRAUM: Regenwälder in Madagaskar

ZUHAUSE: Teilt sich oft ein Nest mit dem Mausmaki

MERKMALE: Farbenfrohe Flügel mit langen Bändern, vermutlich um Fledermäuse und andere Fressfeinde zu irritieren

VERHALTEN: Mond-Nymphen schlafen tagsüber, gemeinsam mit ihren Mausmaki-Freunden. Sie bewachen ihre winzigen Freunde vor Waldohreulen und katzenartigen Raubtieren namens Fossa. Auf dem Bild rechts siehst du eine Nymphe mit einem Mausmaki – einem der kleinsten Primaten der Welt.

Elfen in Wüste, Steppe und Savanne

Wüsten erscheinen uns als karges Ödland, in dem nichts wächst. Jedoch lebt hier eine erstaunliche Vielfalt an Tieren: Vögel, Insekten, Reptilien – und ja, sogar Elfen! Die Wetterbedingungen sind extrem. In der Wüste zu überleben ist nicht einfach. Tagsüber ist es extrem heiß, nachts sehr kalt. Wegen der Hitze schlafen viele Elfen tagsüber und kommen erst nachts aus ihren Verstecken.

Kaktus-Elfe (*Nympha sonora*)

LEBENSRAUM: Sonora-Wüste, USA und Mexiko

ZUHAUSE: Eine verlassene Gilaspecht-Höhle im Kaktus

MERKMALE: Dicke Hornhaut an Händen und Füßen, die sie vor den Kaktusstacheln schützt, große Ohren, damit der Körper Hitze abgeben kann

VERHALTEN: Diese Elfen essen nachts von den leuchtend roten Früchten des Riesenkaktus. Mit ihren großen Ohren lauschen sie, ob in der Nähe Elfeneulen auf der Jagd sind.

Tautropfen-Elfe (*Nympha aquarius*)

LEBENSRAUM: Wüste Sahara, Nordafrika

ZUHAUSE: Eine Höhle im Sand

MERKMALE: Glänzende Flügel reflektieren das Sonnenlicht, um die Elfe kühl zu halten, lange Wimpern (wie bei einem Kamel) schützen die Augen vor Sand.

VERHALTEN: Früh am Morgen eilt diese Elfe von Pflanze zu Pflanze und verteilt Tautropfen an diejenigen, die sie am meisten benötigen.

Die Wüste Sahara ist einer der trockensten Orte der Welt. Hier regnet es fast nie. Die Pflanzen, die hier wachsen, bekommen ihr Wasser von den Tautropfen, die sich nachts auf ihren Blättern sammeln. Die kleine **TAUTROPFEN-ELFE** hat eine wichtige Aufgabe: Sie sorgt dafür, dass die Pflanzen genug Wasser haben, um zu überleben. Bei Sonnenaufgang verteilt sie Tautropfen.

Nordamerikas Sonora-Wüste ist berühmt für ihre fantastischen Riesenkakteen. Manche werden bis zu 15 Meter hoch. Sie sind das Zuhause einer Vielzahl von Lebewesen, unter anderem der **KAKTUS-ELFEN**.

Königin der Nacht
(Nympha cereus)

LEBENSRAUM: Chihuahua-Wüste, USA und Mexiko

ZUHAUSE: Eine Höhle am Fuß des Cereus-Kaktus

MERKMALE: Wunderschöne Flügel, die den Blüten des Cereus-Kaktus ähneln

VERHALTEN: Diese Elfen sind sehr schwer zu entdecken. Sie zeigen sich nur, wenn der Cereus-Kaktus blüht.

Peri *(Nympha peri)*

LEBENSRAUM: Wüste Dascht-e Kawir, Iran

ZUHAUSE: Teilt sich eine Höhle mit der Persischen Rennmaus, Verwandte der Wüstenrennmaus

MERKMALE: Große Ohren und große Augen, um im Dunkeln sehen zu können

VERHALTEN: Die Peri hilft der Persischen Rennmaus, ihr Nest zu bewachen. Sie warnt vor Sandboas, Hornvipern und anderen Schlangen. Die Elfe ruht bei Tage und kommt zur Dämmerung hervor.

Die seltene **KÖNIGIN DER NACHT** kümmert sich um den nachtblühenden Cereus-Kaktus. Er blüht nur in einer Nacht in der Mitte des Sommers. In dieser besonderen Nacht flitzt die Elfe zwischen den duftenden Blüten hin und her und trägt Pollen von einer zur anderen Blüte, sodass neue Blüten entstehen.

Die **PERI**, deren Name vom persischen Wort für Elfe stammt, sind sehr gut für das Leben in der glühend heißen Wüste ausgestattet. Über ihre großen Ohren geben sie Körperhitze ab.

Elfen sind nicht die einzigen Besucher der Cereus-Blüten. Auch die Schwärmer trinken gerne den süßen Blütennektar.

ELFEN IN STEPPE UND SAVANNE

Das Grasland der Welt, von den tropischen Savannen Afrikas zu den kühlen Steppen Asiens, sind das Zuhause einiger bemerkenswerter Elfen.

Savannen-Elfe

Diese gesellige afrikanische Elfe baut sich ihr Nest oft in Termitenhügeln oder im Nest eines Webervogels.

Prärierosen-Elfe

Im Grasland der USA kann man Glück haben und diese Elfe zwischen den Prärierosenblüten entdecken.

Steppen-Elfe

In den weiten Steppen Russlands und der Mongolei versteckt sich oft diese schüchterne Elfe in den wogenden Gräsern.

Polar-Elfen

Einige robuste Elfen überleben sogar die eisigen Winter am Nord- und Südpol. Diese widerstandsfähigen Wesen halten Orkanböen, eiskalte Temperaturen und monatelange Dunkelheit im Winter aus.

Bislang habe ich mehrere faszinierende Forschungsreisen in die Arktis unternommen, aber erst eine einzige in die Antarktis (als Teil einer Expedition, die Kaiserpinguine untersuchte).

In einem einzigen Jahr kann der furchtlose **POLAR-WANDERER** eine unglaubliche Strecke von 40 000 Kilometern überwinden – von der Arktis zur Antarktis und wieder zurück! Er schafft das, indem er per Anhalter mit einer Küstenseeschwalbe von einem Pol zum anderen reist.

Die schlaue **PINGUIN-ELFE** übersteht die eiskalten Wintermonate an einem warmen und sicheren Platz: Sie macht es sich im Gefieder eines Kaiserpinguins gemütlich.

Polar-Wanderer

(Nympha peregrina)

LEBENSRAUM: Felsige Küsten und Strände in Polarregionen

ZUHAUSE: Ein flaches Nest, ausgepolstert mit Gras und Moos

MERKMALE: Schwarz-weiße Flügel tarnen ihn in einem Schwarm Küstenseeschwalben.

VERHALTEN: Diese Elfe hat eine sehr enge Beziehung zur Küstenseeschwalbe und darf auf ihrem Rücken reiten. Im Gegenzug pflegt die Elfe die Federn der Schwalbe und entfernt Läuse und Flöhe.

Pinguin-Elfe

(Nympha antarctica)

LEBENSRAUM: Schelfeis in der Antarktis

ZUHAUSE: Unter dem Bauch eines männlichen Kaiserpinguins

MERKMALE: Kleidung aus warmen Pinguin-Federn, die Flügel ähneln Eiskristallen.

VERHALTEN: Jeden Winter legen männliche Kaiserpinguine ihre Eier auf ihre Füße und halten sie dort unter ihrem Bauch warm. Die Pinguin-Elfe klettert auf das Ei und schläft dort vier Monate lang, bis das Junge schlüpft. Wenn das Küken da ist, hilft die Elfe beim Aufpassen. Sie hält Ausschau nach plündernden Möwen.

Tundra-Elfe
(Nympha caribou)

LEBENSRAUM: Arktische Tundra

ZUHAUSE: Im Sommer findet die Tundra-Elfe Unterschlupf in verlassenen Lemminghöhlen.

MERKMALE: Mit braun gefleckten Flügeln passen sich die Elfen ihren Begleitern, den Rentieren, an.

VERHALTEN: Während die Rentiere die Landschaft durchwandern, halten die Elfen Ausschau nach Wölfen, Bären und Adlern. Sie stoßen je nach Feind verschiedene Warnschreie aus.

Wenn der Sommer beginnt und mildes Wetter und viel Nahrung mit sich bringt, tauchen die **TUNDRA-ELFEN** auf den Weiden und Wiesen der arktischen Tundra auf. Sie reisen mit riesigen Rentierherden, die aus den Wäldern Kanadas und Sibiriens nach Norden wandern, um dort ihre Jungen zu bekommen.

Dieses zähe, kleine Wesen hat sich gut an die eisige Umwelt der Arktis angepasst. Sie ist dicker als andere Elfen, weil eine Speckschicht unter ihrer Haut sie warmhält. Wegen dieses Extragewichts ist das Fliegen für **FROST-ELFEN** schwierig. Sie verbringen die meiste Zeit am Boden.

Frost-Elfe
(Nympha arctica)

LEBENSRAUM: Nördlicher Polarkreis

ZUHAUSE: Eine Schneehöhle

MERKMALE: Extra Speckschicht gegen die Kälte, kleine Ohren mindern Wärmeverlust, breite Füße, gespreizte Zehen, um auf dem Schnee zu laufen.

VERHALTEN: Je nach Jahreszeit verändert die Elfe ihre Kleidung. Im Winter trägt sie passend zur Schneelandschaft eine weiße Jacke aus Tierfell und Wolle. Im Sommer hüllt sie sich in Blätter und Gräser, um sich zwischen den Pflanzen der arktischen Tundra zu tarnen.

Kliff-Elfe
(Nympha alfar)

LEBENSRAUM: Küstenregionen Islands

ZUHAUSE: Teilt sich eine Felshöhle mit Perlentauchern

MERKMALE: Flügel in Schwarz-Weiß-Orange, ähnlich denen des Admiral-Schmetterlings

VERHALTEN: Die Kliff-Elfe hat eine enge Beziehung zu Perlentauchern. Wenn die Eltern fischen gehen, passt sie auf die Jungen auf und beschützt sie vor Heringsmöwen und anderen Fressfeinden.

Seit Generationen erzählen sich die Menschen in Island Geschichten von magischen Wesen, die sie *álfar* oder *huldufolk* (verborgene Leute) nennen. Ich habe keinen Beweis für die Existenz dieser mythischen Wesen gefunden. Was ich bestätigen kann, ist, dass auf den isländischen Klippen die **KLIFF-ELFEN** leben.

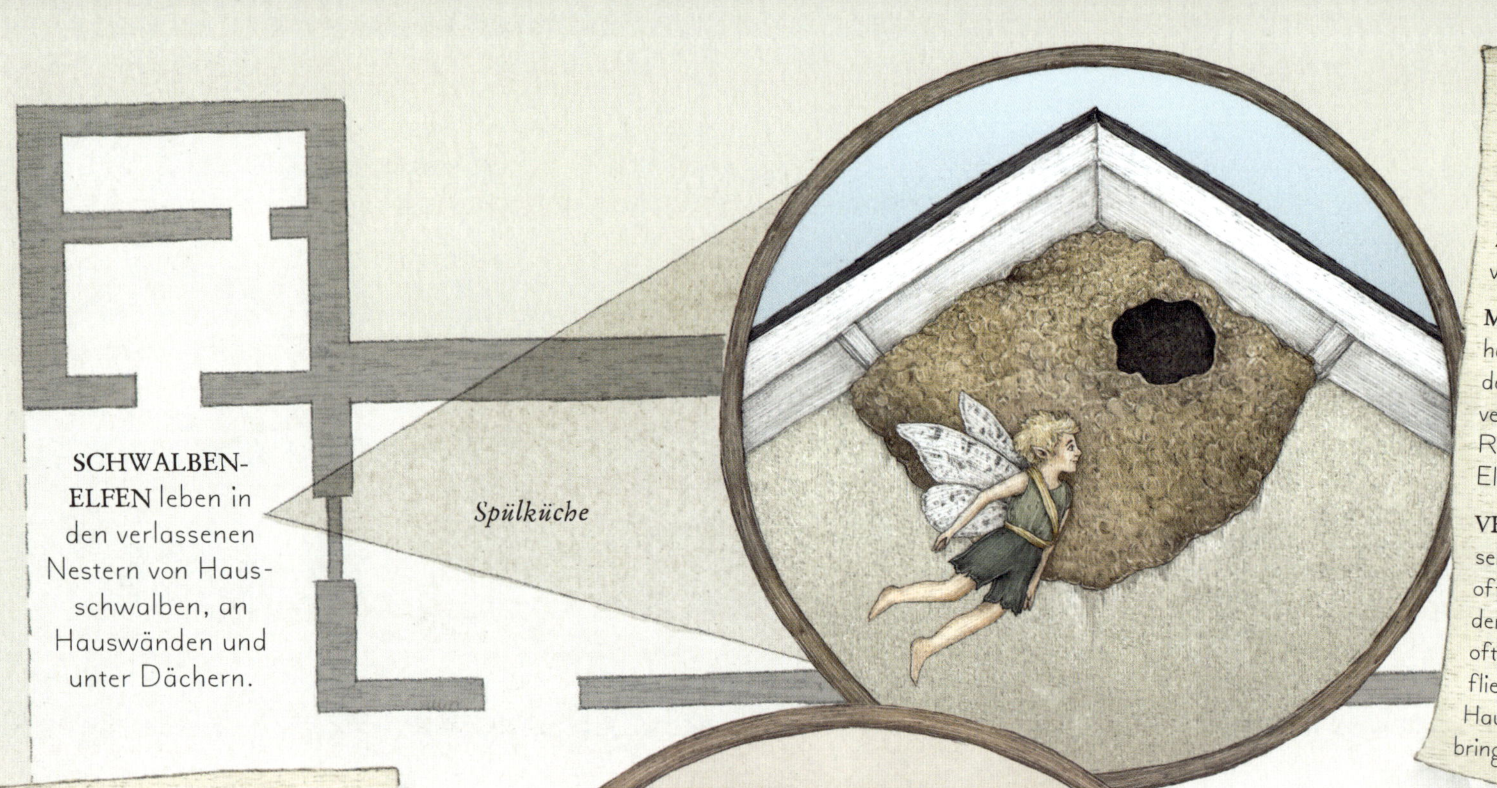

SCHWALBEN-ELFEN leben in den verlassenen Nestern von Hausschwalben, an Hauswänden und unter Dächern.

Schwalben-Elfe
(Nympha casae)

LEBENSRAUM: Dörfer und Städte

ZUHAUSE: Lehmnester unter den Dächern von Häusern und Schuppen

MERKMALE: Schwalben-Elfen in Städten haben oft dunklere Flügel als die Elfen auf dem Dorf. Vielleicht liegt das an der Luftverschmutzung der Städte durch Ruß und Rauch. Mit dunkleren Flügeln passen sich die Elfen daher besser ihrer Umgebung an.

VERHALTEN: Schwalben-Elfen sind nicht sehr intelligent. Manchmal nutzen sie ein offenes Fenster als Eingang, sitzen drinnen in der Falle und sind verwirrt. Dann passiert es oft, dass sie immer wieder gegen die Scheibe fliegen. Wenn du eine Schwalben-Elfe im Haus findest, fang sie unter einer Tasse und bring sie nach draußen, bevor sie verzweifelt.

Brownie
(Nympha domestica)

LEBENSRAUM: Menschenhäuser

ZUHAUSE: Brownies bauen sich ihr Nest oft hinter dem Geschirr im Schrank, in einem Nähkorb oder in einer Knopfdose. Sie sind bekannt dafür, Socken zu entwenden und als Schlafsäcke zu benutzen.

MERKMALE: Ihre Kleidung besteht aus allen möglichen Sachen, die sie im Haushalt finden. Sie haben kleine Flügel.

VERHALTEN: Brownies sind von Natur aus gutmütig und kommen Menschen normalerweise nicht in die Quere. Wobei … es gibt auch freche Brownies, die Menschen nachts die Haare verknoten oder Dinge rumliegen lassen, damit wir drüber stolpern. Diese Brownies nennt man Irrwichte.

BROWNIES sind die verbreitetsten Haus-Elfen. Diese verspielten Wesen „leihen" sich gerne Dinge von den Menschen aus. Wenn deine Schlüssel, Brille oder Haarbürsten dauernd verloren gehen, könnte es sein, dass Brownies dahinterstecken.

Haus-Elfen

Auch wenn es viele Erwachsene nicht glauben wollen: Wir teilen unsere Häuser mit Elfen. Sie werden öfter von Kindern als von Erwachsenen entdeckt, weil Kinder mehr Zeit damit verbringen, die Nischen und Ritzen eines Hauses zu untersuchen. Haus-Elfen leben meist in ruhigen, unbenutzten Teilen des Hauses, hinter Möbeln, Fußleisten und unter Holzdielen.

Hobgoblin
(Nympha culinae)

LEBENSRAUM: Menschenhäuser

ZUHAUSE: Für gewöhnlich hinter einer Fußleiste oder unter einem Küchenschrank

MERKMALE: Kleine Flügel, Schnurrhaare wie eine Maus

VERHALTEN: Es gibt eine Menge Erzählungen über Hobgoblins, die im Haushalt helfen. Ich habe dafür noch keine Beweise entdeckt, aber vielleicht entsteht dieses Missverständnis auch, weil sie Krümel vom Boden essen. So entsteht der Eindruck, sie würden den Boden säubern.

Vorratskammer

Flur

Wenn du nachts aus der Küche huschende Geräusche hörst, können das die tapsenden Pfoten einer Maus sein. Genauso gut könnten die Geräusche aber auch von Küchen-Elfen herrühren. Sie heißen **HOBGOBLINS** oder kurz Hobs.

Küche

Bibliothek

Dachböden sind das perfekte Zuhause für Elfen: warm, ruhig und für gewöhnlich ungestört. **DACHBODEN-ELFEN** leben oft glücklich neben Mäusen und haben die Begabung, Mausefallen auszulösen, ohne darin gefangen zu werden. Sie stehlen den Käse und teilen ihn mit ihren Nagetierfreunden.

Dachboden-Elfe
(Nympha cenaculi)

LEBENSRAUM: Dachwohnungen und Dachböden

ZUHAUSE: Ein Nest neben einem Heizungs- oder Warmwasserrohr oder in einem Stapel alter Kleidung

MERKMALE: Braune, gesprenkelte Flügel, nicht unähnlich denen der Kleidermotte

VERHALTEN: Dachboden-Elfen ernähren sich von natürlichen Materialien wie Wolle und Seide. Wenn du in deinen weggepackten Kleidern kleine Löcher entdeckst, kann es sein, dass die Elfen Hunger hatten.

Frühstücksraum

EINE BEMERKUNG ZUR ZAHNFEE

Während meiner Forschungen ist es mir nicht gelungen, dieses schwer fassbare Lebewesen aufzuspüren. Ich bin mir nicht sicher, was die natürliche Lebensumgebung der Zahnfee betrifft: Vermutlich leben verschiedene Unterarten überall auf der Welt. Ich vermute, dass jede Art von Zahnfee Grundkenntnisse der menschlichen Sprache besitzt und die Währung der jeweiligen Region kennt. Bislang konnte ich noch nicht herausfinden, wofür die gesammelten Zähne benutzt werden. Der Legende nach benötigt die Zahnfee die Kinderzähne, um daraus ihr Haus zu bauen, aber es muss noch mehr geforscht werden, um dies zu bestätigen.

Leben im Elfenland

Inzwischen wirst du verstanden haben, dass es so etwas wie „Elfenland" als einen eigenen magischen, für Menschen unerreichbaren Ort nicht gibt. Elfen leben unter uns und sind Teil des natürlichen Lebens. Abhängig von ihrer Umgebung verhalten sich Elfen unterschiedlich. Manche Arten sind zum Beispiel tagaktiv, während andere erst nachts aus ihren Schlafstätten kommen. Manche Elfen schlafen im Winter, während andere mit den Zugvögeln in wärmere Gebiete migrieren.

Nachtwanderer

Viele Elfenarten sind nachaktiv (sie kommen erst in der Nacht heraus). Besondere Eigenschaften helfen ihnen, im Dunkeln klarzukommen: große, gute Augen für hervorragende Sicht in der Nacht und große, geräuschempfindliche Ohren, um zu hören, ob irgendwo Gefahren lauern.

Elfennahrung

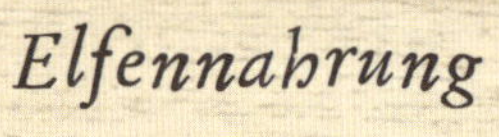

Die Elfen, denen ich bis jetzt begegnet bin, waren Pflanzenfresser, sie ernähren sich also von Pflanzen, nicht von anderen Tieren. Zu den Lieblingsessen von Elfen gehören Nüsse und Kerne, Beeren und Früchte, Blütenpollen und Nektar. Viele Elfen haben einen süßen Zahn und mögen sirupartige, kalorienreiche Zwischenmahlzeiten. Das liegt sicherlich daran, dass ihre schnell schlagenden Flügel eine Menge Energie verbrauchen. Deswegen sind sie oft hungrig.

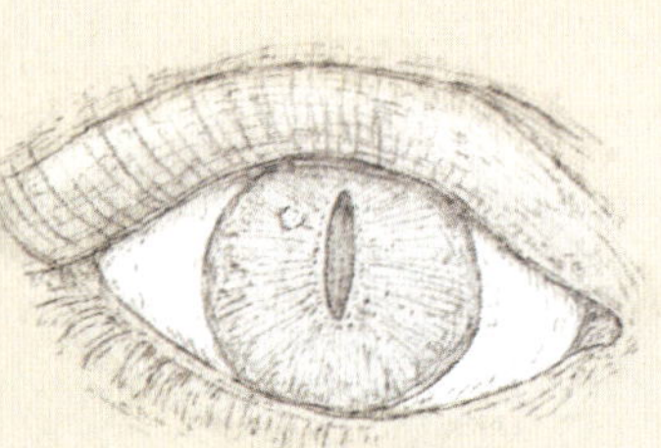

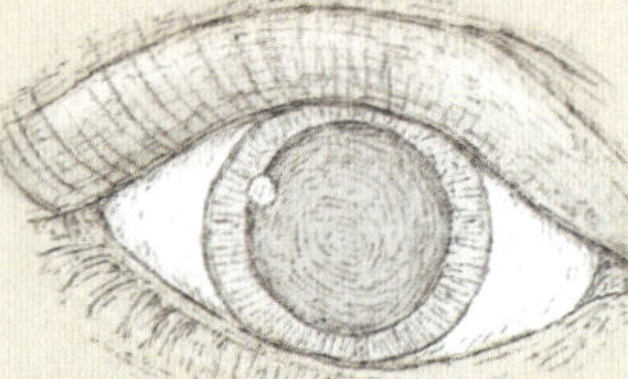

Nachtaktive Elfen haben katzenähnliche Augen. Ihre vertikalen Pupillen öffnen sich weit, um so viel Licht wie möglich hineinzulassen. Eine spiegelartige Schicht im Auge reflektiert das Licht und hilft dabei, im Dunkeln zu sehen.

Viele Haus-Elfen sind nachtaktiv und kommen heraus, wenn wir schlafen. Tagsüber sollte man sie nicht stören. Sie schlafen oft in Schuhen, Socken-Schubladen oder Puppenhäusern.

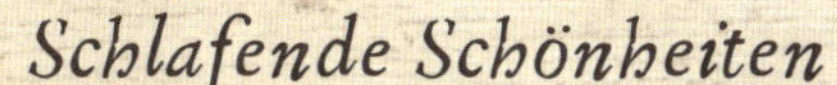

Schlafende Schönheiten

Viele Elfen, zum Beispiel die Apfelbaum-Elfe und die Heckenrosen-Elfe, haben eine enge Beziehung zu einer bestimmten Pflanze. Im Winter schlafen viele Bäume und Pflanzen und werfen ihre Blätter ab. Wenn die Pflanzen ruhen, tun das ihre Elfen oft auch. Dies löst das Problem, in Zeiten, wo Nahrung knapp ist, auf Futtersuche gehen zu müssen. Im Herbst bereiten sich die Elfen vor, indem sie jede Menge Vorräte hamstern, sodass sie ihr gemütliches Nest während der langen, kalten Wintermonate nicht verlassen müssen.

Manche Elfen überwintern alleine, andere kuscheln sich zusammen. Einige Arten haben Flügel mit besonderen thermischen Eigenschaften, die die Elfen warmhalten.

Genau wie Gänse fliegen Zug-Elfen in kälteren Jahreszeiten manchmal in einer V-Formation gen Süden, die ihnen hilft, Energie zu sparen. Hinter der Anführerin der Gruppe zu fliegen ist einfach, weil der Luftwiderstand geringer ist. Die Elfen wechseln sich mit der Position vorne ab.

In Bewegung

Wie viele Schmetterlinge und Vögel machen sich manche Elfen kurz vor dem Winter auf eine lange Reise. Die Vogelbeeren-Elfe reist zum Beispiel von Nordskandinavien auf die Britischen Inseln, wo das Wetter milder ist. Es ist unklar, wie genau Elfen auf solch großen Distanzen ihren Weg finden. Vielleicht orientieren sie sich an der Position der Sonne und der Sterne sowie an Flüssen, Küsten und anderen Landschaftsmarken.

Elfen und Pflanzen

Elfen spielen eine wichtige Rolle in der Natur – eine Rolle, die die meisten Menschen weder erkennen noch verstehen. Die kleinen, arbeitsamen Wesen kümmern sich um Pflanzen in den verschiedensten Lebensräumen: Sie helfen, sie zu bestäuben, ihre Samen zu verbreiten, und sie halten sie gesund. Im Gegenzug unterstützen die Pflanzen die Elfen mit sicheren Unterkünften und versorgen sie mit Nahrung.

Ein wachsames Auge

In der Sorge um ihre Pflanzen übernehmen Elfen viele verschiedene Aufgaben. In trockenen Gegenden kümmern sie sich jeden Morgen, dass ihre Pflanzen genug Feuchtigkeit bekommen. Oft besprenkeln sie die Pflanzen mit Wassertropfen, wenn sie durstig aussehen. Die winzigen Elfen achten bei den Wurzeln, Blättern und Blattstämmen auf Anzeichen von Krankheiten, sie pflücken Schädlinge ab und stellen sicher, dass die Zweige genügend Platz haben, um sich auszudehnen.

Samen verstreuen

Damit eine Pflanze wachsen kann, muss ihr Samen verbreitet werden. So kann er an neuen Stellen keimen und wurzeln. Wie aber verbreiten Pflanzen ihre Samen? Manche erhalten Unterstützung von Wind oder Tieren, während andere die Hilfe von Feen benötigen.

Brillante Bestäuber

Wieso haben Pflanzen Blüten? Eine Blüte enthält eine besondere, pulverige Substanz, Pollen genannt. Wenn Spuren von Pollen von einer Pflanze zur nächsten gelangen, entstehen Samen, die zu neuen Pflanzen heranwachsen. Pollen werden normalerweise durch Wind, Insekten oder Elfen von einer Blüte zur nächsten getragen. Elfen fliegen oft mit einem kleinen Pinsel an den Blüten entlang und verteilen damit die Pollen.

Tierische Helfer

Vögel und andere Tiere ernähren sich von Früchten und verbreiten den Samen über ihren Kot. Manche Samen heften sich an das Fell von Tieren, um sich befördern zu lassen.

Vorsicht! Pflanze schießt!

Bei manchen Pflanzen explodieren die Früchte, wenn sie reif sind, und verstreuen die Samen weit und breit.

Vom Winde verweht

Andere Samen haben federleichte Fallschirme, die sich vom Wind an einen neuen Ort tragen lassen.

Elfenfreunde

Wieder andere Pflanzen brauchen Elfen, um ihren Samen zu verbreiten, damit neue Pflanzen wachsen.

Elfenstaub

In der Vergangenheit haben manche Menschen sogenannten Elfenstaub in Wäldern und auf Lichtungen bemerkt. Sie gehen davon aus, dass dieser Elfenstaub magische Fähigkeiten hat. Aber was soll Elfenstaub sein? Ich glaube, dass es sich dabei um eine Mixtur aus verschiedenen Pollen und leuchtenden Flügelschuppen handelt. Nachts reflektieren sie das Mondlicht und erzeugen ein Glimmen. Dieser Puder ist mitnichten Magie, sondern wird von Elfen als Abwehrmittel gegen Schnecken eingesetzt.

SCHAUBILD ZUR BESTIMMUNG VON BLÄTTERN

Jeder, der mehr über Elfen herausfinden möchte, sollte verschiedene Arten von Bäumen und ihre Blätter identifizieren können. Wenn du die üblichen Arten in deiner Gegend kennst, dann weißt du, welche Elfen du vielleicht entdecken kannst.

Eiche
Suche nach: Dryaden

Kastanie
Suche nach: Rosskastanien-Elfe

Weißdorn
Suche nach: Maiblüten-Elfe

Apfelbaum
Suche nach: Apfelbaum-Elfe

Vogelbeere
Suche nach: Vogelbeeren-Elfe

Feldahorn
Suche nach: Hügelland-Elfe

Buche
Suche nach: Specht-Elfe

Birke
Suche nach: Birken-Elfe

Bergahorn
Suche nach: Schneeglöckchen-Elfe

Ein Giftgarten

Eine Warnung an alle Elfensucher, die draußen in Wiesen und Wäldern nach unseren geflügelten Freunden schauen: Viele Pflanzen, die Elfen lieben, sind für Menschen giftig. Ein Elfenwald ist kein Ort für Leute mit schwachen Nerven, und es können tödliche Gefahren lauern. Esse nie, nie, nie wilde Beeren, Pilze oder andere Pflanzen, bevor sie nicht ein Erwachsener, der sich damit auskennt, geprüft hat.

Eisenhut

Diese tödliche Pflanze ist auch unter den Namen Akonit, Sturmhut oder Wolfswurz bekannt. Sie wächst in feuchten Wiesen und Wäldern. Allein das Anfassen der Blätter, Blüten oder Wurzeln kann für einen Menschen giftig sein. Elfen scheinen dagegen immun zu sein – manchmal sieht man sie zwischen den wunderschönen blauen Blüten hin und her flitzen.

Belladonna

Belladonna – auch als Toll- oder Teufelskirsche bekannt – scheint für Elfen harmlos zu sein, aber für ein menschliches Kind sind schon zwei Beeren tödlich. Weitere Folgen sind verschwommene Sicht, Kopfschmerzen, Müdigkeit, Erbrechen und Halluzinationen.

Fingerhut

Fingerhut trägt seinen Namen wegen der Form seiner Blüten, die wie kleine Hüte für die Finger aussehen. Tatsächlich werden die rosa- und lilafarbenen Blüten von Elfen oft als Kopfschmuck getragen. Bei Menschen kann das Gift des Fingerhuts allerdings zu Herz- und Nierenstörungen führen und Erbrechen verursachen.

Fliegenpilz

Elfen sitzen oft auf diesen rot-weißen Fliegenpilzen oder verstecken sich dahinter. Wie andere Pilzarten können auch die giftigen Fliegenpilze über Nacht in Gruppen wachsen und einen Ring bilden. In der Vergangenheit glaubten die Leute, dass Menschen, die einen solchen „Elfenring" betraten, ins Elfenland entführt wurden.

Schierling

Elfen lieben diese hübsche Pflanze sehr, aber für Menschen ist sie extrem giftig. Sie wächst in Gräben, an Flussufern und an Waldrändern. Wenn Menschen vom Schierling essen, kann das krank machen und sogar zum Tod führen.

Kirschlorbeer

Menschen sollten sich von Kirschlorbeer fernhalten. Alle Teile des Kirschlorbeers sind giftig – von den Beeren und Blättern bis hin zu Stamm und Wurzel. Sie enthalten eine tödliche Substanz, die sich Zyanid nennt. Elfen scheinen von diesem Gift unberührt zu bleiben und essen oft und gerne von den Beeren.

Aronstab

Die leuchtend roten und orangefarbenen Beeren des Aronstabs sind eine Lieblingsmahlzeit von Elfen. Bei Menschen verursachen sie Schwellungen an Mund und Hals, die zu Atembeschwerden führen.

Alraune

Die sagenumwobene Alraune wurde früher in der Medizin als Schmerzmittel verwendet. Eine Überdosis kann allerdings tödlich sein. Ihre Wurzel hat eine fast menschliche Form, und der Legende nach stößt sie schreckliche Schreie aus, wenn sie entwurzelt wird. In Wahrheit kommen die Schreie von der Elfe, die gegen die Zerstörung ihres Hauses protestiert.

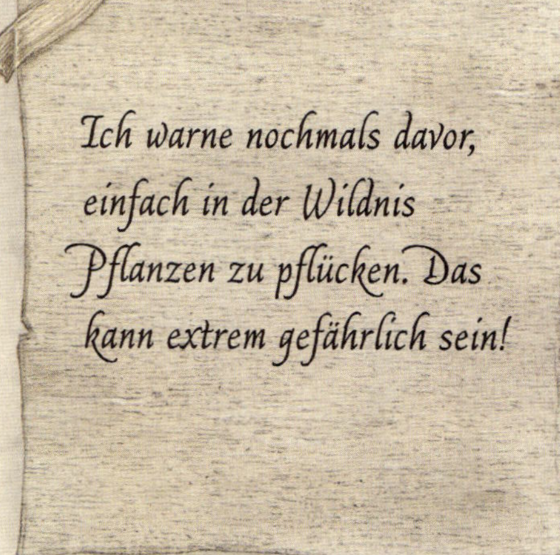

Elfen und Tiere

Elfen können sich nicht in Tiere verwandeln, wie in Geschichten oft behauptet wird. Aber sie haben häufig enge Beziehungen zu ihnen. Als Mitglieder des Tierreichs kommen Elfen natürlich in Kontakt mit anderen Wesen und leben glücklich neben vielen anderen Tierarten. Oft helfen sich Elfe und Tier gegenseitig. Diese Art von Beziehung, von der beide profitieren, nennt man „Symbiose“.

Gefiederte Freunde

Viele Elfenarten haben eine Verbindung mit Vögeln. Elfen reisen oft auf Vogelrücken und „bezahlen“ dafür zum Beispiel mit ein bisschen Federpflege. Die Vögel stoßen bestimmte Warnrufe aus, wenn sich gefährliche Wesen, wie zum Beispiel Menschen, in der Nähe aufhalten.

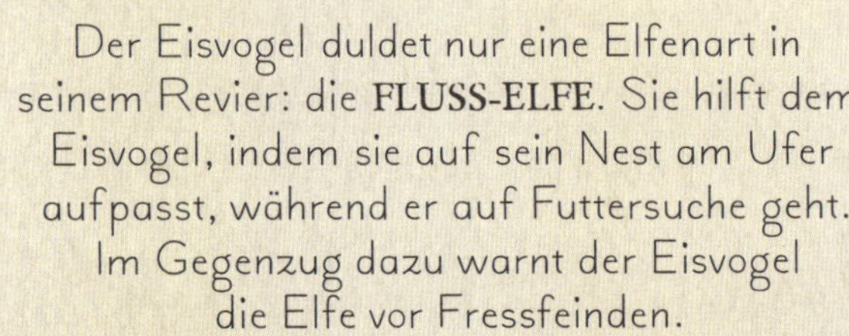

Die **SPECHT-ELFE**, deren Flügel sehr klein sind, reitet oft auf dem Rücken von Buntspechten. Spechte hacken mit ihren kräftigen Schnäbeln Nestlöcher in Bäume – nicht nur für sich selbst, sondern auch für Elfen. Dafür pflückt die Elfe dem Specht Zecken aus dem Gefieder und hält Ausschau nach Sperbern und Habichten, die beiden Arten gefährlich werden können.

Der Eisvogel duldet nur eine Elfenart in seinem Revier: die **FLUSS-ELFE**. Sie hilft dem Eisvogel, indem sie auf sein Nest am Ufer aufpasst, während er auf Futtersuche geht. Im Gegenzug dazu warnt der Eisvogel die Elfe vor Fressfeinden.

In das Nest des Wiesenpiepers legt der Kuckuck oft sein Ei. Schlüpft das Kuckuckskind, stößt es die anderen Jungen aus dem Nest. Der Wiesenpieper wird ausgetrickst, damit er das übergroße Junge als sein eigenes Kind versorgt. Um das zu verhindern und die Kuckucke zu vertreiben, steht oft eine **SCHWALBENSCHWANZ-ELFE** mit einem spitzen Stock neben dem Nest des Wiesenpiepers.

Waldwesen

Maiblüten-Elfen haben eine interessante Beziehung zum europäischen Igel. Die Elfen kümmern sich oft um die Baby-Igel, während die Mutter auf Futtersuche ist. Im Gegenzug liefern die Igel den Elfen Stacheln, die sie als Speere nutzen, um sich gegen Feinde zu verteidigen.

Ebenso wie viele Elfenarten lebt auch der Rothirsch im Verborgenen. Rehe und Hirsche werden oft von Elfen beschützt, die ihre Wunden reinigen und sie mit Spinnweben bandagieren. Dafür stoßen die Wildtiere Warnsignale aus, wenn sich gefährliche Tiere nähern.

Manche Elfen haben eine besondere Verbindung mit Eichhörnchen. Elfen bringen Eichhörnchen Nahrung und pflegen sie, wenn sie krank sind.

Feldmäuse, die in Wäldern und Wiesen leben, teilen sich oft ihre Erdhöhlen mit **WIESEN-ELFEN**. Dafür bringen die Elfen Körner und Früchte mit.

Verbündete der Insekten

Elfen lieben Honig. Deswegen helfen sie manchmal den Bienen beim Pollen- und Nektar-Sammeln. Sie sind mit Schmetterlingen verbündet und halten Ausschau nach Schlangen und Wespen. Auch zu Motten sind Elfen sehr freundlich.

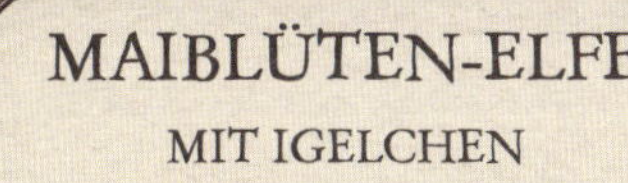

MAIBLÜTEN-ELFE
MIT IGELCHEN

Motten sind das Lieblingsessen von Fledermäusen. Diese spüren die Motten auf, indem sie hohe Töne aussenden und hören, wie sie vom Körper einer Motte zurückgeworfen werden. Manche Elfen stoßen selbst solche hohen Töne aus, um die Fledermäuse zu verwirren und die Motten zu schützen. Diese Taktik nennt man Echolotungs-Blockade.

Elfenfeinde

Wie alle anderen Lebewesen sind Elfen in den verschiedenen Umgebungen, in denen sie leben, Teil der Nahrungskette. Als Pflanzenfresser verspeisen sie selbst keine anderen Tiere. Aber sie leben gefährlich und werden ziemlich oft von Fressfeinden gejagt. Dazu gehören Schlangen, Hermeline, Wiesel, Raubvögel, Spinnen und Wespen. Elfen stehen sogar auf dem Speiseplan von fleischfressenden Pflanzen. Aber sie haben eine ganze Reihe an Tricks, um Angriffe zu vereiteln, zum Beispiel Tarnung, Gift ... und die Fähigkeit, sich zu wehren.

Raubvögel

Überall auf der Welt werden Elfen von Raubvögeln gejagt. Dazu gehören Eulen, Adler und Falken. Die verschiedenen Elfenarten haben unterschiedliche Techniken entwickelt, um den Angriffen aus der Luft zu entgehen. Die Mohnblumen-Elfe bewegt sich zum Beispiel so langsam, dass sie gar nicht entdeckt wird. Die Pfauen-Elfe trägt Flecken auf ihren Flügeln, die aussehen wie die Augen eines riesigen Raubvogels. So schreckt sie andere Raubvögel ab.

Die **BIRKEN-ELFE** ist eine Expertin darin, sich vor dem durchdringenden Blick der Schleiereule zu verstecken.

Gefährliche Tiere

Es sind nicht nur fleischfressende Vögel und räuberische Schlangen, die Elfen bedrohen. Sie müssen dazu auch auf der Hut vor hungrigen Säugetieren sein. In Europa sind Hermeline, Wiesel und Füchse gefährliche Feinde, und in den Alpen können Elfen Wölfen oder Wildkatzen zum Opfer fallen. Australische Elfen müssen sich vor aggressiven Dingos hüten, während in Nordamerika Vielfraße und Waschbären gefährlich sind.

Schlangen

In vielen Lebensräumen, besonders im Dschungel, sind Schlangen eine sehr reale Gefahr für Elfen. In den Tiefen des Amazonas ist der tödliche Feind der wunderschönen Regenwald-Nymphe die Grüne Hundskopfboa. Diese leuchtend grüne Schlange kann fast zwei Meter lang werden. Sie liegt zusammengerollt zwischen den Zweigen, dann stößt sie hervor, um die Beute mit ihren furchterregenden Fangzähnen zu erlegen. Glücklicherweise können Regenwald-Nymphen in Lichtgeschwindigkeit reagieren, sodass sie oft unverletzt entkommen.

Die Venusfliegenfalle ist eine fleischfressende Pflanze, die in warmen Feuchtgebieten entlang der Küste der Vereinigten Staaten wächst. Wenn ein unglückliches **IRRLICHT** an die haarigen Blätter der Pflanze kommt, schnappt sie zu und sperrt das arme Wesen ein.

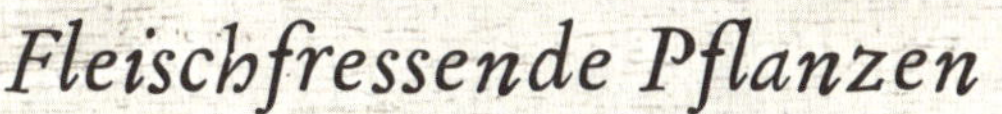

Fleischfressende Pflanzen

Das nächste Mal, wenn du dich in Indonesien im Dschungel aufhältst, schau unbedingt in die Trichter der Kannenpflanzen, an denen du vorbeikommst. Vielleicht blickst du dann direkt in das Gesicht einer zornigen Zwerg-Elfe. Kannenpflanzen nutzen Nektar, um Insekten und andere Opfer auf ihre glitschigen Ränder zu locken. Wenn diese Wesen dann in die Trichter fallen, werden sie langsam zu Suppe verarbeitet.

Krabbeltiere

Es ist eine traurige Tatsache, dass manche Wespenarten sich von Elfenraupen ernähren, die sie aus den Nestern stehlen. Im Regenwald fallen Elfen manchmal Armeen von räubernden Ameisen zum Opfer. Oder sie erregen die Aufmerksamkeit einer Gottesanbeterin, eines der gefürchtetsten Raubtiere der Insektenwelt. Elfen müssen sich auch vor Spinnen hüten. Spinnennetze sind eine häufig auftretende Gefahr. Eine Elfe, die beim Fliegen nicht aufpasst, endet schnell in Seide verpackt als Abendbrot für die Spinne.

Elfensprache und Geheimschriften

Vielleicht interessiert es dich zu erfahren, wie sich Elfen eigentlich untereinander verständigen. Sprechen sie Menschensprachen oder ihre eigene geheime Elfensprache, oder wie können sie sich mitteilen? Wie Menschen und andere Tiere haben Elfen verschiedene Methoden, miteinander zu kommunizieren. Sie sprechen, pfeifen, rufen und schreiben.

Elfensprache

Immer wenn ich in der Wildnis auf der Suche nach Elfen bin, beginne ich als Erstes damit, ihnen zu lauschen. Man kann das Geplapper unserer geflügelten Freunde leicht mit Vogelgesang verwechseln, und nur eine sehr geübte Zuhörerin kann das hohe Zwitschern der Elfen wahrnehmen. Obwohl es mir gelingt, Elfensprache als solche zu identifizieren, kann ich leider noch nicht verstehen, was sie sagen. Ich würde zu behaupten wagen, dass die verschiedenen Elfenarten auf der Welt verschiedene Sprachen sprechen. Manche klingen wie glockenhafte Musik, während andere an Vogelgezwitscher erinnern.

Körpersprache

Elfen können nicht nur über Sprache miteinander kommunizieren. Bewegungen und Gesten zählen viel im Elfenreich. Ein kurzer Schlag mit den Flügeln oder ein Zucken mit den Schultern kann Ärger ausdrücken. Ein leises Summen durch leicht vibrierende Flügel steht für Genuss und Wohlbehagen, ähnlich wie das Schnurren einer Katze.

Briefeschreiber

Bemerkenswerterweise scheinen Elfen in einigen Fällen sogar menschliche Sprachen zu beherrschen. Wie sonst ließen sich die winzigen Briefe erklären, die unter den Kopfkissen von Kindern auftauchen, wenn sie einen Zahn verlieren? Allerdings glaube ich, dass Elfen die menschliche Sprache nur schriftlich gebrauchen. Bis jetzt habe ich noch keine Elfen irgendwie verständliche menschliche Dialekte sprechen hören.

Das Elfenalphabet

Bei meinen Forschungen habe ich manchmal winzige in Baumrinde gekratzte oder auf Blätter gekritzelte Zeichen entdeckt. Auch wenn ich bereits vermutete, dass diese Zeichen von Elfen stammten, konnte ich ihre Bedeutung jahrelang nicht herausfinden. Aber eines Nachmittags, als ich in meinem Gemüsebeet arbeitete, grub ich einen großen, glatten Stein aus, der alles veränderte. Auf diesem Stein waren Reihen von winzigen Zeichen in Elfenschrift, und darunter stand ein Satz auf Deutsch. Ich fand heraus, dass der deutsche Satz eine Übersetzung der Elfenschrift war. Dieser eine Stein war für mich der Schlüssel, mit dem sich Elfentexte entziffern ließen.

Mithilfe des Steins war ich in der Lage, das Elfenalphabet zu entschlüsseln.

Tipps für die Elfensuche

Ich hoffe sehr, dass du in diesem Buch alle Informationen gefunden hast, die du brauchst, um Elfen zu identifizieren und ihren Platz im Kosmos der Natur zu verstehen. Jetzt musst du sie nur noch finden. Die meisten Erwachsenen sind so mit ihrem Alltagsleben beschäftigt, dass sie Elfen nicht sehen können. Sie nehmen sich einfach nicht die Zeit, richtig nach ihnen zu schauen. Es ist eine Tatsache, dass Kinder viel besser darin sind, unsere kleinen Freunde zu finden. Wenn man Elfen entdecken will, ist es wichtig, Zeit draußen in der Natur zu verbringen. Da überrascht es nicht, dass es sich bei den paar Erwachsenen, die Elfen gesehen haben, um Bauern oder Försterinnen handelt, die in der natürlichen Lebensumgebung von Elfen unterwegs sind. Wenn du nicht hektisch bist, deine Augen offenhältst und die Schönheit um dich herum bestaunst, dann wirst du Elfen entdecken.

Wie man Elfen findet

Das Allerwichtigste ist: Immer mit der Ruhe! Nimm dir Zeit, bewege dich vorsichtig und sprich leise. Setz dich mal eine Weile still hin und schau dich in Ruhe um. Um Elfen zu entdecken, musst du deine Augen und dein Herz öffnen. Und du wirst nur dann Elfen sehen, wenn du auch daran glaubst, dass es sie gibt.

Die beste Zeit, sich auf die Suche zu machen, ist in der Morgen- und in der Abenddämmerung. In diesen Zwischenzeiten, wo es nicht ganz Tag und nicht ganz Nacht ist, kommen die Elfen heraus und gehen ihren Geschäften nach. Der Mittsommerabend ist eine besonders gute Zeit für die Elfenentdeckung, weil das lange Tageslicht bedeutet, dass viele Arten bis spät aktiv sind.

Wie wir gesehen haben, leben Elfen in allen möglichen Umgebungen, sodass du sie an vielen verschiedenen Orten finden kannst: in Gärten, Parks, auf Wiesen und in Wäldern, an Bächen und Flussufern. Wenn du eine Elfe entdeckst, versuche nicht, sie zu berühren oder zu fangen – genieße es einfach, ihr zuzuschauen, solange sie da ist. Und wenn die Zeit kommt und ihr euch trennen müsst: Denk dran, alles so zu lassen, wie du es vorgefunden hast. Es gibt ein altes Sprichwort, das lautet: Nimm nur Erinnerungen mit, hinterlasse nur Fußabdrücke.

Suche nach …

- winzigen Fußspuren
- Elfeneiern auf Blättern
- abgeworfenen Kokons
- Elfenstaub am Fuß von Pflanzen
- Schmetterlingen (Elfen fliegen oft neben ihnen her)
- aufgebrochenen Nussschalen
- glühenden Lichtern (manche Arten sind biolumineszent)
- Löchern in Baumstämmen, die vielleicht als Elfenhaus genutzt werden
- kleinen Höhlen im Erdreich
- Miniatur-Nestern
- auf Bäume oder Steine gekritzelten Elfenzeichen

Nützliche Ausstattung für die Elfensuche

- Kamera (um deine Funde zu dokumentieren)
- Notizbuch (um aufzuschreiben, welche Art du gesehen hast)
- Stabiler Hut (falls dir weniger nette Elfen Nüsse auf den Kopf schmeißen sollten)
- Lupe (um Elfeneier zu entdecken)
- Karte der Gegend
- Fernglas
- Wasserflasche
- Feste Stiefel

Höre auf …

- Vogelgesang (es könnte sich dabei um Elfen handeln, die miteinander plaudern)
- feine, zerbrechlich klingende Stimmen
- glockenartiges Lachen
- das Flattern von Elfenflügeln
- Klicken und Pfeifen
- zirpende Grillen (dieser Klang kann von männlichen Elfen stammen, die ihre Flügel aneinanderreiben)
- Huschen und Rascheln im Unterholz

Gasthof Juliana
112 Rua Cariré
Manaus
Brasilien
13. September 1925

Meine liebe Annabelle,

ich hoffe, es geht Dir gut, wenn Dich dieser Brief erreicht. Hattest du schon Zeit, in das Buch, das ich Dir geschickt habe, hineinzuschauen?

Ich bin gerade von einer dreiwöchigen Expedition in den Amazonas-Regenwald zurückgekehrt. Wir haben sturzflutartigen Regen, ein riesiges Gewimmel von Ameisen und das Kentern unseres Kanus erlebt. Was für ein Abenteuer! Auch wenn ich verschiedene Elfenarten entdeckt habe – unter anderem die Malachit-Elfe und die Regenwald-Nymphe –, so ist es mir doch nicht gelungen, weitere Kolibri-Elfen aufzuspüren. Obwohl ich wirklich alles getan habe, um mich vor den Mücken zu schützen, bin ich ganz schön zerstochen worden. Ehrlich gesagt bin ich grad ein bisschen fiebrig, aber ich denke, dass sich das bald wieder gibt. Ich bin jetzt zusammen mit Alfonso, meinem Reiseführer, erst mal nach Manaus zurückgereist. Wir wollen uns mit Vorräten eindecken, bevor wir die Expedition wieder aufnehmen.

Annabelle, ich mache mir Sorgen. Ich bin in den letzten Wochen Zeugin davon geworden, wie riesige Flächen Wald abgebrannt und abgeholzt wurden, um Platz für Landwirtschaft zu schaffen. Diese mutwillige Zerstörung ihrer Lebensräume bedeutet nichts Gutes für die Elfen beziehungsweise überhaupt für alle Tiere des Regenwalds. Vielleicht ist die Kolibri-Elfe so wahnsinnig schwer zu finden, weil es immer weniger von ihnen gibt.

Ich glaube, wir müssen die Existenz von Elfen vor dem größten Teil der Menschheit geheim halten. Sonst wird es bald Leute geben, die sie verletzen oder fangen, um sie als neue Entdeckungen auszustellen. Aber ich habe mir gedacht, dass wir vielleicht das Wissen über Elfen an ein paar ausgewählte, ähnlich denkende und kluge Menschen weitergeben sollten, die sich Gedanken um die Lebewesen dieser Welt machen und alles tun werden, um sie und ihre Lebensräume zu schützen.

Das war's erst mal für heute – lass uns über die Sache weiterreden, wenn ich zurückkomme.

Bis dahin, meine Liebe, alles, alles Gute!

Deine Tante Elsie